# A Mente Serena

# A Mente Serena

Uma nova forma de pensar, uma nova forma de viver

**S. Ema. Gyalwa Dokhampa**

Tradução de Eduardo Pinheiro de Souza

Teresópolis, 2015

© 2013 Drukpa Publications Pvt Limited and Kate Adams 2013

Direitos desta edição:

© 2015 Editora Lúcida Letra

Título original: *The Restful Mind: A New Way of Thinking, a New Way of Life*

Editor: Vítor Barreto

Tradução: Eduardo Pinheiro de Souza

Projeto gráfico de capa e miolo: Aline Haluch | Studio Creamcrackers

Preparação de texto: Heloísa Pupatto Fiuza de Andrade

Revisão: Édio Pullig, Fabio Rocha

1ª edição 07/2015, 3ª tiragem 08/2020

---

DADOS INTERNACIONAIS DE CATALOGAÇÃO NA PUBLICAÇÃO (CIP)

D658m    Dokhampa, Gyalwa.
       A mente serena: uma nova forma de pensar, uma nova forma de viver / Gyalwa Dokhampa; tradução de Eduardo Pinheiro de Souza. - Teresópolis, RJ: Lúcida Letra, 2015.
208 p.; 23 cm.

Tradução de: The restful mind: a new way of thinking, a new way of life.
ISBN 978-85-66864-16-8

     1. Meditação - Budismo. 2. Mente. 3. Cura pela mente. 4. Budismo. I. Souza, Eduardo Pinheiro de. II. Título.

CDU 294.3                                              CDD 294.3443

**Índice para catálogo sistemático:**
1. Budismo: Meditação     294.3
(Bibliotecária responsável: Sabrina Leal Araujo – CRB 10/1507)

Dedico este livro a Sua Santidade, o atual Gyalwang Drukpa. Com sua graça desenvolvi a confiança para compreender que a fonte de toda felicidade e dor não está em nenhum outro lugar além de em nossa própria mente.

## Introdução — 9
A mente inquieta — 11
Uma contemplaçãozinha faz diferença — 13
Compreendendo a natureza da mente — 16
O Retiro da Mente — 18
Presença mental no cotidiano — 20

## 1. A natureza da mente — 23
Três itens para ajudar a começar — 26
O que deixa a mente inquieta? — 33
Ego exterior, natureza interior — 40

## 2. O Retiro da Mente — 60
As ferramentas da mente serena — 62
Por que meditar? — 66
Meditação de Concentração: Respiração Cotidiana — 75
Meditações de Contemplação — 80
Meditação do equilíbrio na tranquilidade: A mente como projetor — 99
A sabedoria de suas emoções — 103
A arte de se soltar — 111
Retornando ao presente — 125
Nutrindo o corpo para nutrir a mente — 133

## 3. Presença mental cotidiana — 139
Hábitos diários da mente serena — 140
Quando o estresse vence — 160
A mente serena no trabalho — 174
Uma mente presente, plena de amor — 188
Comece hoje — 196
Dez ferramentas simples para a mente serena — 198
Palavras finais — 205

Leituras recomendadas — 206

# A Mente Serena

# Introdução

É com a mente que criamos nosso mundo e nos posicionamos dentro dele: todas as experiências por que passamos – de felicidade, tristeza, sofrimento, beleza, o que for – ganham sentido e nascem em nossa mente. Portanto, acredito que compreender o funcionamento da mente é a chave para a liberdade, a felicidade, o contentamento e a superação dos desafios. É a chave para tudo.

Nenhum de nós é capaz de parar o fluxo da vida; por mais que queiramos, não é possível parar o tempo. Não somos capazes de evitar o envelhecimento, e ninguém sabe quando vai morrer, só sabe que isso é inevitável. Você até pode achar que estou sendo pessimista, mas, de fato, estou apenas apontando que muitas vezes acabamos nos fixando no que não podemos mudar – como a passagem do tempo –, em detrimento do que podemos mudar – por exemplo, *como* vivemos essa vida. Se isso é algo que podemos escolher, então por que não treinar a mente um pouco melhor de modo que ela se foque nessa oportunidade? Por que não ensinar a mente a segurar a vida com as duas mãos e seguir diretamente para as coisas boas? E por que não se permitir, e se encorajar, a abandonar as muitas expectativas e medos que acabam por dominar nossos pensamentos e, consequentemente, nossas ações?

O sentido da vida vem de nossos esforços para beneficiar os outros, da forma que pudermos, dia após dia. Ainda assim, hoje é muito fácil se deixar levar pelas muitas coisas que se passam em nossas mentes: preocupações com o futuro, olhar a grama do vizinho, e nossas listas de tarefas cada vez maiores. Pensar dessa forma ergue um muro entre nós e nossa natureza interior – aquela parte nossa que está bem no fundo e que conhece nosso caminho, sabe quem somos e nosso lugar no mundo. Queremos romper essa barreira e nos reconectar com a mente serena que sempre esteve presente, uma vez que é nossa essência. Então poderemos seguir em frente e viver com confiança e liberdade.

Quando me perguntam qual é minha mensagem pessoal, digo que tenho duas: uma vem de uma perspectiva budista, e a outra, de uma perspectiva psicológica. A única diferença entre elas é a linguagem.

Espero poder lembrar as pessoas que elas são capazes de mudar suas vidas ao equilibrar duas coisas: o que se passa em suas mentes e como agem de acordo com o que pensam. Portanto é, realmente, uma combinação de ser e agir, cada elemento, por sua vez, de forma positiva afetando o outro. É com a mente que colocamos sentido no que fazemos todos os dias, e é com ações criteriosas que contribuímos para as condições que produzem nossa própria felicidade e a dos outros. Se, portanto, viermos a descobrir que não estamos felizes com nossa vida cotidiana, em vez de olhar para fora buscando uma causa, aprendemos a olhar para dentro buscando compreensão, a jogar uma luz na apreciação de tudo que temos, em vez de buscar pelo que está faltando. Precisamos compreender que nossa mente serena não depende de ninguém, só de nós mesmos e – quando começamos a compreender que somos nosso próprio mestre, nosso próprio Buda, como dizemos na filosofia budista – só então poderemos cuidar da própria mente, infundindo mais alegria na vida, mais ações positivas e mais paz. E, mesmo que a iluminação ainda esteja bem longe, podemos, sem dúvida, nos sentir menos perdidos.

## A mente inquieta

Às vezes nos sentimos inquietos e, por mais que tentemos, não reconhecemos nossa própria mente. Os pensamentos parecem tomar vida própria, correndo precipitadamente de uma experiência ou emoção para a próxima, sempre buscando por algo, embora possamos nem saber bem o quê. Até mesmo o pensamento de desacelerar causa ansiedade – o que vamos conseguir com isso? Perguntamo-nos tantas coisas que já não estamos seguros quanto às respostas. Pousamos os olhos em algo ou alguém e, seguindo o caminho, esquecemos que, embora tenhamos começado a jornada para sermos felizes, essa felicidade foi momentânea e parou no acostamento. Então ficamos agitados e sentimos um ímpeto de seguir para o próximo passo, de apanhar outro pedacinho de felicidade ou sucesso, ou de apenas fazer as coisas de forma diferente, porque não conseguimos nos assegurar de que o que temos agora será, um dia, suficiente.

Cotidianamente nossas mentes são com frequência estimuladas pela comunicação, pela conexão virtual. Há sobrecarga de informação, sobrecarga de escolha. As oportunidades de aprender, criar e se inspirar nos cercam, mas deixam pouco ou nenhum espaço para a mente poder de fato se expandir e crescer. Fazemos muitas perguntas, mas não temos tempo ou paciência de sentar por um momento para ouvir ou compreender as respostas. E passamos tanto tempo correndo por toda parte buscando soluções que esquecemos de olhar diretamente a natureza verdadeira do problema. Algumas vezes, ou, talvez, até a maior parte do tempo, nossas mentes se sentem um pouco como fliperamas, sempre ricocheteando para todos os lados. Ah, se ao menos nos sentíssemos assentados em nossas próprias mentes e felizes com o lugar onde estamos e a direção que tomamos. Ah, se ao menos nossas mentes parassem de supercomplicar, superanalisar, *pensar demais*.

Um de meus professores resumiu muito bem: "O ser humano

– ao sacrificar a saúde para fazer dinheiro, precisa sacrificar o dinheiro para recuperar a saúde, e então fica tão ansioso com o futuro que não aproveita o presente e, como resultado, não vive no presente nem no futuro – vive como se nunca fosse morrer e morre sem ter realmente vivido." É um padrão em que facilmente caímos. A felicidade está sempre ali na esquina e, mesmo quando a encontramos, algumas vezes esquecemos que era por ela que estávamos buscando em primeiro lugar. Usamos o fato de estarmos sempre ocupados como se fosse uma medalha de honra, mesmo que saibamos, bem no fundo, que a quantidade de coisas que fazemos num dia não se traduz em felicidade ou contentamento, ou sequer em algum tipo de vitória. Na medida em que enchemos nossos dias, e nossas mentes, podemos algumas vezes nos sentir como se estivéssemos vivendo de acordo com algum tipo de roteiro que não escrevemos: correndo daqui para ali, jamais com a sensação de que dispomos de tempo suficiente para as pessoas ou para as tarefas, nos dispersando demais.

Aos poucos podemos descobrir que é mais difícil tomar decisões, já que hesitamos ou tememos fazer as coisas de forma errada. Ou paramos de celebrar os esforços dos outros, nos comparando e competindo constantemente. Estamos ocupados, mas achamos difícil fazer qualquer atividade direito. Há uma sensação de desconforto; podemos não dormir bem, ou podemos dormir tanto que nos sentimos pesados e letárgicos. Perdemos o contato com os bons amigos, nossa família nos perturba e nosso chefe é um pesadelo. E o tempo está passando.

A mente inquieta teme a quietude; fica facilmente entediada – ocupada, ocupada, ocupada. A mente inquieta pensa obsessivamente sobre cada detalhezinho e decisão da vida e, muitas vezes, o faz cheia de medo, ansiosa ou sem conseguir parar: e se eu tivesse feito diferente? E se eu fizer errado? E se não gostarem de mim? Por que disseram aquilo? Sou bom o suficiente? Eles são bons o suficiente? O que vou fazer quando terminar de limpar? E depois disso, e depois daquilo... Na mente inquieta a imaginação corre solta, mas quase nunca de forma criativa. A vida corre fora de foco e, muitas vezes, parece estagnada; constantemente ansiamos por companhia, e nos sentimos sozinhos numa multidão.

*Agora lembre-se de quando sua mente foi serena.*

A mente serena é brincalhona, criativa e alerta. É fácil sentir prazer. A tristeza também vem facilmente, mas já não nos paralisa. A mente serena é compreensiva. Com uma mente serena, podemos conceder uma folga a nós mesmos e aos outros, e reconhecer o que é bom. A mente serena é relaxada e confiante, sem necessidade de arrogância. Há tempo suficiente para se importar, se inspirar, ser inspirado e realizar muito. Observe as crianças, que têm uma mente serena completamente natural. São curiosas e vigilantes, mas também são capazes de parar, maravilhadas com o momento. Elas estão bem ali, completamente inteiradas no momento presente.

Gosto de falar e ensinar sobre a mente serena porque quando nos damos uma chance de nos acalmar e nutrir essa mente, abrimos o espaço e o tempo para a compreensão surgir; a compreensão da nossa própria natureza verdadeira, bem como a dos outros. Podemos nos reconectar. A compreensão é a essência de tudo – está em todos nós, de forma completa e natural, mas muitas vezes nos desequilibramos, ouvindo apenas o que está na superfície da mente. Quase podemos sentir isso fisicamente: a energia zune na cabeça sem se ater à compreensão do coração ou do estômago – na compreensão de sua mente interior.

Uma mente serena não é nada preguiçosa, é uma mente de ação. Podemos fazer muito mais, ser rápidos e flexíveis, e com os pés ágeis tomar decisões usando todos os sentidos, e o bom coração. Mas sem a compreensão, podemos facilmente nos ver presos nas fabricações mentais – um fluxo constante de expectativas, preocupações, projeções, rótulos, preconceitos e julgamentos. É cansativo, a ponto de até mesmo nosso sono se perturbar com essa mente selvagem.

A mente serena é aberta, não é nada estreita. Há espaço para considerar tudo o que acontece na vida sob diversas perspectivas, espaço para deixar que as coisas sejam como são. Passamos a ter mais consideração pelos outros. Percebemos mais. Temos mais tempo para ouvir e sorrir. Convidamos e atraímos coisas boas, como o sorriso do outro, a bondade, o conhecimento.

Espero que, à medida que seguimos juntos por estas páginas, a natureza maravilhosa de sua mente comece a se tornar mais clara. Obviamente esse processo não é sempre calmo e perfeito; a vida é interessante exatamente porque é cheia de altos e baixos, desafios e excitação. Podemos até mesmo pensar que é tedioso tratar desse assunto com uma mente serena. Algumas coisas na vida não mereceriam mais drama ou reações extremas? Não estou aqui para convencê-lo. Isso é com você. Só espero que, ao passo que descobrir sua própria natureza, por trás de todas as camadas de rótulos impostas a si mesmo e ao ego, expectativas e apegos, você veja, por si mesmo, o quão energético pode ser apreciar sem fixação como a paciência pode livrá-lo de tantos julgamentos inúteis, e como não é necessário encontrar solução para todo problema que aparece, mas que é possível conceder um solo fértil para as novas ideias, para a tomada de decisões, para plantar as sementes de ações grandiosas e muito mais.

Este livro pode fornecer uma espécie de "retiro" para você e para sua mente. Os retiros são populares na tradição budista porque permitem um espaço silencioso e focado para aprender e explorar os ensinamentos – colocar as coisas em prática. Mas sempre dizemos que os ensinamentos não têm sentido se os praticamos *somente* durante o retiro. Levar os ensinamentos para a vida cotidiana é a prática verdadeira. Se você puder levar a mente serena para a vida ocupada na cidade, por exemplo, isso será algo especial neste mundo moderno. A mente serena mostra que é possível fazer até mesmo o menor espaço parecer vasto e ilimitado e, mesmo os muitos obstáculos com que nos deparamos durante o dia, com uma mente serena, podem se dissolver.

Em tibetano, a palavra "retiro" significa "fronteira", e assim é: quando vamos para um Retiro da Mente e exploramos como ela e as emoções operam, verificamos onde se estabelecem as fronteiras entre as emoções boas e felizes e as aflitivas. Essas fronteiras não precisam, necessariamente, nos restringir. A consciência provê imensa liberdade. Começamos a perceber como uma situação externa pode ser tratada sob diferentes perspectivas. Podemos observar emoções como a raiva e ver de onde elas vêm e se, realmente, ajudam em algum momento. Paramos de tentar fixar as coisas na certeza; paramos de tentar mudar os outros. Relaxamos. É dessa forma que gosto de pensar o treinamento da mente: do fundo do coração – unindo as duas perspectivas como se fossem uma só.

Também exploraremos o relacionamento entre o corpo e a mente. Com os sinais que o corpo nos oferece, aprendemos muito sobre nossas emoções. Muitas vezes ele nos avisa, antes da mente, quando estamos prestes a passar dos limites de nossas fronteiras emocionais saudáveis. Podemos sentir a raiva ou a vergonha surgindo à medida que nosso termômetro interno sobe. Podemos ouvir nossa própria voz ficar estranha e forçada quando estamos na defensiva. Podemos usar a mente para acalmar o corpo, e usar o corpo para acalmar a mente, especialmente pela respiração. Podemos nos conectar com a natureza pelos pés, ao caminhar, o que, por sua vez, nos ajuda a nos conectar com nossa própria natureza interior. Não creio ser coincidência que boa dieta e exercícios sejam prescritos com tanta frequência para depressão ou ansiedade suaves. Um corpo saudável pode ajudar muito a presença mental interna, e ambos se equilibram.

## Uma contemplaçãozinha faz diferença

A meditação é uma prática simples usada para nos ajudar a compreender o mundo e para cuidarmos bem de nós mesmos. Ela nos recompõe, acalmando a superfície, de forma a conseguirmos olhar o que está no fundo. A princípio pode parecer uma prática muito egoísta: passar esse tempo olhando para dentro, em vez de nos focarmos nos outros (de fato, curiosamente, a palavra "budista" significa "aquele que está por dentro"), mas é só cuidando bem de nós mesmos que começamos de fato a apreciar e respeitar os outros. Somente com essa abertura é que conseguimos ver o que é necessário arrumar e restaurar, encarar nossa arrogância e desafiar a frequência de nossa mente. Ela deixa de ser complacente. É fácil passar a vida apontando o dedo para os outros, ditando o que há de bom ou ruim neles, mas, é claro, seguimos olhando através de nossas próprias lentes, com nossas próprias intenções. Com a contemplação, nossa consciência de nós mesmos cresce e podemos admitir que os defeitos que reconhecemos nos outros, muitas vezes, são nossos. Da mesma forma, podemos aprender a viver bem e, genuinamente, celebrar os esforços de outros. Compare o sentimento de ter inveja de um colega de trabalho com o sentimento de parabenizar com sinceridade os esforços bem-sucedidos de uma pessoa, ou ficar feliz por ela.

Se nos concedermos um tempinho, pelo menos alguns minutos diários, para o silêncio e a contemplação, logo nos tornaremos mais observadores, mais apreciadores do que está acontecendo e mais focados nas tarefas que realizamos, em vez de nos preocuparmos com as próximas. Meu entendimento é que a meditação é muito animadora e, realmente, nos ajuda a desenvolver um sentido de felicidade, de forma que, em vez de ser algo que acontece conosco ou nos é dado, se torna um sentimento que nutrimos e cultivamos internamente.

## Compreendendo a natureza da mente

Sem compreensão, conhecimento e prática muitas vezes não têm muita utilidade. Os três elementos são interdependentes. É como qualquer mudança na vida: se não entendemos porque queremos mudar, a mudança nunca vai durar. Se não nos preparamos, é provável que não dure. E se não saltamos em algum ponto e fazemos a tentativa, então não nos demos nem mesmo uma chance.

Assim começamos, na primeira parte do livro, estabelecendo alguma compreensão da mente, em particular da mente conceitual ou "dualista". É dessa forma que mais frequentemente vemos e interpretamos o mundo. Tudo recebe um rótulo através de nossas lentes particulares – é "bom" ou "ruim" – e, enquanto isso muda de momento para momento, estabelecemos julgamentos e comparações constantes. De "sou bom ou mau?" até "aquela flor é bela ou feia?" estamos sempre questionando, constantemente fazendo afirmações. É completamente compreensível que o façamos, em nossa tentativa de dar sentido ao mundo, mas isso também nos deixa dispostos à frustração e ao desapontamento. Nossos conceitos nos definem, mas também nos dividem, nos limitando, de forma que não sobra espaço para nos esticarmos ao sol e crescermos.

Exploraremos a tendência de procurar nossas emoções externamente, de buscar fora de nós soluções para os problemas; faremos isso tanto usando a ciência atual quanto o budismo moderno, que, de forma maravilhosa, acabam usando uma linguagem diferente para dizer a mesma coisa. Olharemos diretamente para a natureza da felicidade, da raiva, da solidão e do desejo. Encararemos nossas preocupações e medos. E, para fazer isso, viramos a câmera para dentro. Reapresentaremos nós mesmos para nossas próprias mentes, ao mesmo tempo em que engajaremos nosso coração e nossa compaixão, e começaremos a meramente observar, substituindo a análise constante pela consciência.

É aí que começamos a notar nossa "mente de ego": a mente que está sempre buscando nossa atenção e passamos a perceber nossa natureza interior, ou nossa mente serena, que, muitas vezes, está lidando com as coisas de maneira muito silenciosa e feliz por trás da algazarra do ego. Enquanto observamos, nos tornamos mais conscientes das diferenças entre as duas. Nosso ego exige reações imediatas, muitas vezes emocionais, enquanto que a mente serena segue num ritmo mais suave, e, mesmo assim, fica evidente que é ela que nos mantém no prumo quando lhe damos uma chance de brilhar. Algumas vezes nos falta confiança para ouvir a mente silenciosa, o que nos leva a duvidar de nós mesmos.

Podemos ficar um pouco temerosos ou indecisos, presos em padrões negativos, ou constantemente seguir em frente, certos de que isso será a resposta. E, ainda assim, aquela sensação incômoda permanece – nossa natureza interior esperando pacientemente que tenhamos coragem e viremos os holofotes em sua direção, encontrando nosso propósito verdadeiro e o compartilhando com o mundo.

## O Retiro da Mente

A segunda parte deste livro é o Retiro da Mente. Você pode aprender as ferramentas da mente serena onde quer que esteja, e ainda que não precise subir uma montanha (embora seja verdade que ir a um lugar alto para meditar permite que vejamos o mundo melhor), eu o encorajaria, a essa altura, a separar um tempo e um espaço para si mesmo.

É importante que, ao decidirmos fazer alguma mudança na nossa vida, nos comprometamos, com toda nossa energia, a fazê-la até o final. As ferramentas da respiração, meditação, contemplação e presença mental não são complicadas, e podem realmente mudar nosso estado mental em geral; e, assim, têm um efeito benéfico tanto na vida cotidiana quanto em nossa perspectiva mais ampla. A chave principal aqui é a "prática", porque como em qualquer habilidade na vida o que mais beneficia a mente serena é um pouco de prática todos os dias. Uns poucos minutos são suficientes, mas, de início, pode ser necessário um enorme esforço apenas para encaixar esses minutos em nosso dia a dia, até que se tornem um hábito. É por isso que precisamos desenvolver primeiro um pouco de compreensão, já que ela fornece a motivação para nos comprometermos a mudar ou a treinar a mente.

Acalmar a mente estressada é o primeiro efeito das técnicas simples que aprendemos, e, mesmo que você só faça isso, vai sentir uma abertura em sua mente num tempo bem curto, enquanto ensina seu corpo e mente a relaxar. Verá a diferença que isso faz na vida cotidiana, na medida em que abandona os velhos padrões de pensamento e dá mais espaço para paciência, flexibilidade, disponibilidade etc., uma vez que uma mente relaxada e serena é uma mente aberta.

No simples ato de olhar para a vida com apreciação, de jogar uma luz sobre ela e dizer obrigado para qualquer coisa ou pessoa que seja boa, descobrimos muito mais espaço para os outros. Portanto, nossa capacidade para tolerância e paciência, bem como para a felicidade, cresce. Isso não significa negar ou encobrir as coisas não tão boas, mas, apenas por alguns momentos, nos focar no que é positivo. Quando não pensamos diariamente sobre as coisas boas da vida, tendemos a esquecê-las; logo, devemos separar alguns minutos para focar no que temos, em vez de pensar naquilo que não temos. É um exercício poderoso que pode infundir nosso dia inteiro com uma sensação diferente. Um aspecto central da mente serena é compreender e aceitar a natureza da vida, sempre em constante mudança; aceitar aquilo que não podemos controlar, em vez de nos preocuparmos tanto, ou ficarmos com raiva. Aprendemos a parar de buscar externamente as coisas de que precisamos para a felicidade, e começamos a perceber que é a maneira como vemos o mundo, *como pensamos*, que determina nossa felicidade e contentamento. Portanto, são nossas reações às situações que realmente importam, não as próprias situações que, muitas vezes, estão além de nosso controle.

Também praticamos voltar ao presente: o passado já passou e o futuro é incerto. O que temos é o dia de hoje, e estar mais presente no momento ajuda a nos livrar de todos os costumeiros "e se" que se desenrolam em nossa imaginação. Reconectamo-nos com nós mesmos, com as pessoas ao nosso redor e com o mundo e, em vez de deixar nossos pensamentos e emoções correrem soltos, preocupando-nos com o amanhã, ficamos conscientes e alertas hoje, e mais atentos a nossas próprias palavras e ações, em vez de constantemente julgarmos as dos outros.

Outra ferramenta da mente serena é conhecer melhor a si próprio, percebendo ao mesmo tempo que o mundo não gira em "torno de mim". É bom saber que somos todos especiais, mas que também não somos nada especiais! Por isso, não pensemos que é egoísta passar algum tempo conhecendo quem nos tornamos porque, especialmente no mundo moderno, muitas camadas se interpuseram ao longo do tempo, nos distanciando de nossa natureza interna, a parte de nós que simplesmente quer ser feliz e também oferecer felicidade. É bom virar a lanterna na direção da própria mente e tentar descascar algumas dessas camadas – talvez até mesmo deixar algumas caírem.

De fato, boa parte do Retiro da Mente diz respeito a deixar as coisas caírem, se soltar – isto é, abandonar formas particulares de ver e pensar que se acumularam com o tempo – nossas atitudes ou o orgulho de pensar que sabemos muito –, abandonar medos e angústias ou permitir que as influências negativas em nossas vidas se vão. Isso não significa que você não sentirá mais emoções, tais como raiva, angústia, ciúmes ou frustração, mas quando for perturbado por essas emoções, será capaz de gentilmente investigar e se perguntar por que elas surgiram e superá-las com mais facilidade.

Também, para ajudar a mente serena, buscamos restaurar a saúde do corpo. Algumas vezes é uma boa ideia tirarmos uma folga da mente fazendo exercícios, ou podemos também usar atividades como caminhar ou comer para acalmar e focar a mente.

## Presença mental no cotidiano

Na terceira parte do livro levamos a mente serena para o cotidiano. É fácil ser calmo e ponderado quando se está caminhando na praia, mas e quando um estranho grita de outro carro ou nosso chefe não está feliz com nosso trabalho? Como podemos usar todos os sentidos e ouvir a voz interior ao tomar decisões? E o que dizer daqueles dias em que sentimos que a vida está nos soterrando, quando estamos entediados ou tão ocupados que não sabemos o que fazer em seguida? E quando aparecem aqueles velhos sentimentos de não sermos bons o suficiente? Sem falar dos eventos ou momentos catastróficos em nossas vidas – quando o luto ameaça nos subjugar ou quando nos deparamos com doença ou injúria? As respostas estão dentro de nós, mas todo mundo precisa de ajuda para encontrar o caminho. Somos todos iniciantes.

 A presença mental (*mindfulness*) tem suas raízes no budismo, embora a ciência moderna esteja rapidamente se inteirando dessa forma antiga de viver. Hoje existem programas maravilhosos que ensinam presença mental e que já mostraram ajudar na cura da depressão tanto quanto a medicação. Espero que nós, budistas, também possamos ajudar um pouco nessa jornada. Não somos cientistas, mas, para nós, a presença mental é simplesmente estar na própria vida, viver o cotidiano. Meu professor, Sua Santidade Gyalwang Drukpa, recentemente foi perguntado sobre presença mental e disse que um dos melhores momentos para ele é logo antes de dormir, no momento em que está caindo no sono. Como sabemos, tanto pelos ensinamentos quanto por nossas próprias experiências, se você está presente, isto é, relaxado e calmo naquele momento entre o sono e o estado desperto, você terá mais ou menos oito horas de sono com presença mental. Na verdade, os especialistas em sono também verificaram que nossas mentes nos ajudam a processar o dia, e quaisquer coisas mal resolvidas nele, durante o sono. Então, faz sentido ir dormir com a mente numa boa posição, de forma a se beneficiar de uma noite de sono muito restauradora, tranquila e favorável.

 Muitas pessoas perguntam: se nos prendemos demais em cada detalhezinho da vida, para onde vai nossa espontaneidade –

nossa paixão? Para mim a presença mental está de mãos dadas com a espontaneidade, uma vez que percebemos as oportunidades do momento, cara a cara, em vez de ficar de cabeça baixa. Presença mental quer dizer deixar a mente seguir livre, abandonar todos os "devo", "e se", "mas" e "talvez". O que você faria hoje se não tivesse medo?

Não sou capaz de oferecer soluções rápidas para todos os desafios que surgirão em sua vida; não posso oferecer uma frase de efeito que, repetida sem parar, acalme sua ansiedade no trânsito ou pacifique suas preocupações com o trabalho. Mas o que espero poder fazer é encorajá-lo a pensar de uma nova forma que vai, com a prática, ajudar em todas essas situações. Estou oferecendo um conjunto de ferramentas para a mente que, de forma gradual, se desenvolverá em uma forma de pensar e ver o mundo que não mais cria dissonância, seja com você ou com os outros, uma forma de ver que inclui todo o potencial da vida. Essas ferramentas agirão como lembretes, deixando-o cada vez mais "pé no chão", na medida em que libertam a mente.

Somos nossos pensamentos, palavras e ações. É por isso que cuidar de nossas mentes é tão importante, já que nossos pensamentos são o começo da reação em cadeia que leva a nossas palavras e, enfim, a nossas ações. É com a mente que criamos nosso mundo e a forma como vamos viver nele. Então se abra e deixe o mundo entrar.

# 1
# A natureza da mente

*Se um homem marcha com um passo diferente do dos seus companheiros, é porque ouve outro tambor. Possa ele seguir o compasso da música que ouve, não importa em que tempo esteja, ou quão distante soe.*

Henry David Thoreau

Por que fazemos o que fazemos, e o que nos impede de seguir nossos sonhos? Esta questão está no cerne deste livro, e no cerne da inquietação da mente. E quando começamos a explorar as respostas, reconhecemos que também está no centro da mente serena.

Por que fazemos o que fazemos? É uma questão muito simples, mas quando a agitação da vida assume o controle, devido a muitos fatores externos, ela se torna nebulosa. Quando começamos a vida, fazemos o que fazemos para sermos alimentados e amados, para sermos felizes e também para trazer felicidade aos outros: balbuciamos e rimos, essas outras pessoas são nossos pais, ou as circunstâncias que estão além de nosso controle – adoram isso e sorriem radiantes para nós; por esse motivo, balbuciamos e rimos mais um pouco. Brincamos com o que nos interessa e somos destemidos e vorazes no aprendizado. Não prejulgamos, apenas vivemos aquele dia, pensando nas coisas maravilhosas que veremos em seguida.

Quando crescemos, começamos a pensar mais sobre o que, em nossos estudos ou em nossas vidas, mais nos fascina, ou sobre o que sabemos fazer bem. Aperfeiçoamos nossas habilidades próprias. O céu é o limite quando começamos. E o coração de "por que fazemos o que fazemos" bate forte:

- Ser feliz e oferecer felicidade de alguma forma
- Sustentar a nós mesmos e aos outros
- Cuidar das pessoas
- Cuidar do planeta
- Fazer diferença.

A maioria de nós é motivada no sentido de ter uma boa vida. E dependendo de quem somos como indivíduos, isso pode abranger tudo: podemos aspirar cuidar dos outros, informá-los ou diverti-los; podemos nos descobrir pensando que fazemos o que fazemos devido às armadilhas da vida, como ter um carro ou uma casa maior, mas, mesmo nesse caso, lá no fundo, ainda há algo que nos remete a uma motivação interna. Podemos não ser capazes de explicar sequer por que estamos aqui, mas sabemos que temos algum nível de controle, seja este grande ou pequeno, com relação a quem vamos ser nessa vida.

Então, por que, muitas vezes, descobrimos que não estamos realmente vivendo a vida que queremos, a vida que de fato importa? O que está nos impedindo? Podemos pensar que são outras pessoas, ou circunstâncias além de nosso controle – e que não é algo sobre o que possamos fazer qualquer coisa; ou que temos responsabilidades que implicam em não podermos simplesmente largar o bom trabalho para o qual nos arrastamos todo dia para seguir nossos sonhos.

Por que procrastinamos tantas tarefas? Conseguimos identificar algo bom que queremos fazer, mas seguimos postergando, inquietando ainda mais a mente, uma vez que agora também nos sentimos mal por não conseguirmos sequer terminar o que nos dispúnhamos a fazer. Parece que estamos nos autossabotando. Sabemos que, quando estamos no fluxo da atividade, nos sentimos felizes e cheios de contentamento, revitalizados e, realmente, engajados. Ainda assim, descobrimos que é muito fácil colocar energia mental no lugar errado, depositando nosso foco, muitas vezes, em coisas externas que não podemos mudar, em vez de olharmos para dentro e encararmos o que, de fato, pode ser mudado.

Precisamos lembrar por que fazemos o que fazemos, retomar o contato com nossa própria natureza, encontrar força e inspiração e reconhecer que, embora nem sempre possamos mudar o que está fora de nós, podemos fazê-lo em relação ao que está dentro.

A partir daí, realmente começamos a explorar a natureza da mente e do coração: para compreendermos as percepções, medos e preocupações que se acumularam ao longo do tempo e, agora, nos limitam ou nos restringem. Talvez, quando nos imaginamos como certo tipo de pessoa, podemos pensar que os defeitos e fraquezas estejam presentes em nosso DNA. Esquecemos que essas mesmas fraquezas podem também ser fontes de enorme força (o que exploraremos mais adiante no livro). Permitimos que se instalem e, quando as esquecemos, chegamos a um ponto em que as descobrimos nos impedindo de fazer coisas boas. E, então, percebemos que estamos constantemente nos comparando com os outros, olhando para ver quem tem mais, e, de certa forma, imaginando que a felicidade é para aqueles que são mais atraentes ou bem-sucedidos.

Nesse instante, acontece algo que para nosso mundo por um momento e nos faz lembrar por que fazemos o que fazemos. Trata-se da semente nutrida e tratada pela mente serena, a mente onde conhecemos e aceitamos mais prontamente a nós mesmos e aos outros, com menos julgamento, mais abertura e compaixão. Um momento com nosso filho nos faz lembrar por que somos pai ou mãe, por que nos importamos tanto com os outros. Uma hora em que passamos completamente focados numa tarefa, imersos em seu fluxo, nos faz recordar por que desenvolvemos aquela habilidade, ou por que queremos cultivar a criatividade. E, de um momento para o outro, não conseguimos entender por que sempre procrastinamos tanto, ou por que ficamos tão atormentados por coisas tão desimportantes. O objetivo de conhecer melhor nossas mentes é jogar uma luz sobre elas e saber por que, muitas vezes, se sentem tão apressadas, selvagens, temerosas ou claustrofóbicas, e também para nos aproximar do que está por trás da algazarra e do movimento das ondas superficiais, mais para perto da fonte de nosso sentido verdadeiro de felicidade, paz e contentamento.

## Três itens para ajudar a começar

Em minhas viagens, encontro muitas pessoas que estão interessadas em ouvir ensinamentos apenas porque buscam formas de superar o estresse em suas vidas, seja no trabalho, nos relacionamentos ou, apenas, na própria mente. Desejam acalmar a mente. O primeiro passo é ver como a meditação ou a presença mental podem ajudar na vida cotidiana. E, uma vez visto isso, elas vão um pouco adiante e começam a explorar a mente, a compreender a si próprias e aqueles que estão próximos.

Sempre que começo a ensinar, foco três ensinamentos importantes a serem entendidos a fim de podermos reconhecer como essa filosofia pode trazer benefício para a vida.

O primeiro ensinamento diz que *ninguém é capaz de eliminar completamente o sofrimento de outrem*. Somente a própria pessoa é capaz de fazer isso com seu próprio sofrimento. Um amigo muito compassivo ou alguém que nos ame, ou mesmo um desconhecido bondoso, pode ajudar a criar as condições para que abandonemos nosso próprio sofrimento, mas, de fato, a tarefa é de cada um de nós. Em princípio, isso pode soar como algo negativo, mas, na verdade, é muito encorajador, já que significa que nosso papel é importante tanto nas dificuldades quanto nas facilidades por que passamos. Nossa forma de pensar, agir e olhar para as situações afeta o tipo de experiências por que passamos. Por exemplo, duas pessoas que passam pela mesma dificuldade, como perder o emprego, mas têm perspectivas diferentes: uma pode sofrer muito, enquanto a outra sente um pouco menos a dor, e olha para o lado bom da situação. Certa pessoa pode ser muito apegada à fama ou à riqueza, e pode vir a sofrer muito se as perder; já uma outra que entenda que tais coisas são, por sua própria natureza, impermanentes, e sente-se menos apegada a elas, pode sofrer bem menos quando se descobre sem elas. Assim, verificamos como as percepções são importantes para nossa felicidade ou sofrimento.

O segundo item mostra que *tudo é interdependente*. Quando as coisas acontecem, nunca são causadas por uma condição apenas – elas resultam tanto de condições internas quanto externas que se reúnem. Assim, uma condição externa pode ser o fato de nosso companheiro nos abandonar, mas nosso nível de sofrimento também diz respeito a como reagimos internamente a essa condição externa, e que papel nós mesmos tivemos no colapso do relacionamento, já que nunca há lados perfeitamente bons ou ruins. Lembre-se de como podemos amar e, por vezes, sermos muito infelizes com uma mesma pessoa; como há muitos fatores em jogo, os sentimentos que dedicamos a ela podem subir e descer como uma montanha-russa. Ironicamente, muitas vezes perdemos tempo demasiado e nos esforçamos bastante para controlar as condições externas e, concomitantemente, permitimos que nossas reações internas se descontrolem. Quando compreendermos esse conceito de interdependência, veremos que não somos totalmente desamparados perante os acontecimentos. Isso não quer dizer que precisamos negar a força das condições externas, mas apenas demonstra que sempre há uma escolha no que diz respeito a nossos próprios pensamentos e reações. Pense no sofrimento que causamos internamente a nós mesmos ficando raivosos ou cheios de ciúmes. Digamos que a outra pessoa nos cubra de xingamentos gritados: podemos ficar muito bravos e perturbados, ou podemos ficar calmos e lidar com a situação sem nos apegar a nossas próprias emoções com relação à situação. Isso não significa que nunca mais ficaremos bravos ou perturbados, mas, sim, que devemos ficar atentos ao quanto nos detemos nessas emoções inquietas.

O terceiro ponto é a ideia de que *nada existe como o que aparenta*. Esse conceito nem sempre é tão fácil, mas se tomarmos como exemplos a felicidade e o sofrimento, perceberemos que não são "coisas" concretas, mas reflexos de nossa própria percepção. E o mesmo é verdadeiro com relação a emoções como a raiva, ou aquilo que reconhecemos como belo ou bom. Se você perguntar a dez pessoas qual é seu conceito de felicidade, todas elas terão ideias diferentes: dinheiro, amor, paz ou quietude etc. Quando começamos a entender o quanto a felicidade e o sofrimento são mutáveis, confiamos menos em condições externas. Podemos apreciar o fato de termos um bom trabalho e ganharmos bem, mas somos menos dependentes quanto a isso ao levarmos em conta a felicidade interior. Sabemos que hoje ou amanhã tudo pode mudar, mas ainda somos nós mesmos. Da mesma forma, começamos a compreender que não somos a raiva, a inveja ou a tristeza – elas são simples estados da mente que surgem e desaparecem, que não têm existência fixa. Sendo assim, reconhecemos que é possível mudar nossa própria mente, e até mesmo treiná-la, não importa qual seja nossa situação.

Portanto:

1. Nossa felicidade ou sofrimento vêm de dentro.
2. Não é possível controlar as coisas externas, sejam elas pessoas ou circunstâncias, mas podemos controlar nossas próprias reações, ou o modo como encaramos as coisas. Logo, não precisamos nunca nos sentir totalmente desamparados.
3. Nada está gravado em pedra, sobretudo no que diz respeito à mente.

Esses três pontos de entendimento são a essência dos ensinamentos que podemos aplicar em nossa vida cotidiana e nosso pensamento.

Vamos a um exemplo. Algo que deixa muitas pessoas no mundo moderno com a mente inquieta é viajar – desde o medo de avião até a espera diária na parada de ônibus, nunca sabendo ao certo se o próximo ônibus virá, ou mesmo sendo empurrado pelas pessoas tão determinadas, ou até mesmo rudes, da hora do *rush*. Você se pergunta por que se colocou nessa situação, sentindo-se desamparado, sem escolha, já que quer chegar ao trabalho a tempo, ou passar um fim de semana maravilhoso em algum lugar escolhido por seu companheiro. Você sente estar perdendo muito tempo, já que não é possível nem mesmo ler em pé de tão apertado que está o trem. Por que as pessoas não são mais educadas? Por que precisam ser tão rudes, encarando seus jornais, sem dar o assento para a mulher grávida?

Como esses três ensinamentos ajudam numa situação frustrante como a volta do trabalho na hora do *rush*? O que eles podem fazer, na prática, para acalmar nossas mentes e nos ajudar a nos sentirmos melhor?

Sentimentos de desamparo podem nos fazer sentir sem controle de nossas próprias emoções, sentir que apenas fatores externos controlam nossa mente. No entanto, a realidade é que, não importa o que esteja acontecendo ao nosso redor, temos escolha com relação a como reagiremos àquilo. Para ajudar a própria mente, você pode tomar as rédeas num nível prático e decidir sair para o trabalho 15 minutos antes; dessa forma, eliminando parte da tensão da viagem. Assim você fica mais calmo, sabendo que não tem que se apressar, e pode reagir mais refletidamente e menos fortemente com relação às pessoas ao redor, que ficam empurrando e puxando.

Mas sempre há fatores adicionais em jogo nas diversas situações. Pode ser que algumas pessoas só estejam encarando seus livros, sem nunca desviar os olhos para verificar se alguém precisa do assento. Há também os que, prontamente, entregam o assento com um sorriso e, quando isso ocorre, a troca de boa vontade, inevitavelmente, aquece nossos corações, durante um retorno apertado do trabalho. Você pode até ser a pessoa bondosa e se surpreender com um adorável sorriso inesperado.

Não importa o quanto estejamos presos à ideia de chegar ou sair do trabalho numa hora determinada, a mente nunca está presa, em sua imaginação, a uma forma específica de passar o tempo. Portanto, em vez de gastar tanta energia mental, sentindo-se incomodado e procurando alguém para criticar mentalmente, você pode contemplar as coisas boas que aconteceram recentemente, pensar no que escrever numa carta de amor ou, simplesmente, focar na respiração e relaxar seu corpo. Você pode se entregar a um ótimo livro e, algumas vezes, apenas ficar onde está, permitindo que a mente se assente e fique mais clara em preparação para o dia.

Mais adiante, neste livro, apresentarei formas específicas de ajudá-lo a se sentir mais calmo durante os momentos de estresse, sobretudo através do foco na respiração. Mas no cerne de todos os ensinamentos aqui apresentados estão esses três, e como podemos sempre nos lembrar de que é com nossas mentes que criamos nosso mundo. A realidade não é fixa; ela é criada por nossas percepções e crenças. Como vamos olhar para nossas vidas, em seus aspectos bons e difíceis, é uma tarefa só nossa. A felicidade é algo que nós mesmos podemos semear, e que podemos nutrir, cultivar e compartilhar com os outros com nosso amor, bondade e generosidade. É fácil, com as pressões e agitações da vida, nos desviarmos do hábito da felicidade – começarmos a nos sentir perdidos ou permitirmos que pensamentos e emoções negativas nos dominem –, mas com um pouquinho de compreensão e prática já é possível retornar ao hábito da felicidade, independentemente de quais situações a vida nos traga.

Meu próprio professor espiritual, Sua Santidade Gyalwang Drukpa, tem um ditado simples que, acredito, toca o cerne desse ponto: "Se tudo correu bem hoje, ótimo. Se não correu, está bem também." Ao ficarmos um pouco mais confortáveis com a incerteza e com os altos e baixos da vida, diminuímos a sensação de precisarmos fazer tanto esforço. Aceitamos que há muitas coisas que sempre estarão além de nosso controle, mas também que o modo com que respondemos e reagimos internamente a isso é sempre escolha nossa.

### *O que você precisa saber sobre a própria mente para melhorar a vida?*

Antes que qualquer melhora ocorra, é necessário atingir certo nível de entendimento; caso nunca separemos um tempo para estudar a mente, acabaremos caindo nas reações e respostas automáticas que acumulamos ao longo da vida. Operamos assim sem nem mesmo saber disso, mas logo que surge o primeiro traço de um problema, nos retraímos ao que conhecemos, ou melhor, ao que nosso subconsciente pensa que conhece.

Essas respostas automáticas da mente são, na verdade, muito úteis. Não temos que reaprender a dirigir automóveis todo dia, ou sequer precisamos reaprender a colocar um pé diante do outro. Não temos que pesar os pontos positivos e negativos de cada escolha que fazemos num determinado dia, mas podemos ir em frente e comer nosso pão com manteiga sem nos preocuparmos muito com isso.

O problema é que, se ficarmos no piloto automático tempo demais, restringimos nosso potencial. Podemos ser capazes de passar inteiros pelo dia, mas sabemos que, de algum modo, estamos limitando nossa própria sabedoria e evitando nos abrir para o que a vida realmente tem a oferecer. Podemos até sentir ao longo dos dias quando ficamos presos demais a hábitos automáticos desse tipo, e reconhecer quando alguns deles se tornam negativos e não ajudam mais (por exemplo, a taça diária de vinho que sinaliza o fim do dia de trabalho).

A ciência tem realmente penetrado na mente tentando entender como ela funciona, por que as condições crônicas da mente, tais como estresse, ansiedade e depressão, afetam cada vez mais pessoas, e tentando determinar o que podemos fazer para cuidar dela. Muito se escreveu nos últimos tempos sobre dois aspectos da mente. Consciente e inconsciente, pensamento rápido e pensamento lento, cérebro de lagarto ou de macaco. Embora a filosofia budista também tenha falado, por milênios, em dois estados da mente, que podem ser chamados de "ego exterior" e "natureza interior", somos também iniciantes nesse campo – mesmo assim, espero que possamos oferecer uma linguagem da mente complementar à da ciência. Oferecemos como possibilidade outra dimensão: por trás das camadas de mente consciente e inconsciente, e por trás de todo esse pensamento – a nossa natureza interior, nosso coração.

### *Domando o elefante*

Milhares de anos atrás, o Buda comparou o treinamento da mente a domar um elefante selvagem, uma vez que elefantes bem-treinados ajudam muito, enquanto que elefantes selvagens se mostram uma extrema distração.

A parte emocional da mente, muitas vezes inconsciente, pode ser comparada com um elefante selvagem, e além dela temos também uma parte cognitiva do cérebro que é consciente, racional e, geralmente, foca no mundo externo. No mundo moderno o ponto principal para cuidarmos de nós mesmos, transformar o inquieto em sereno, o desconforto em paz, é obter um equilíbrio entre essas duas partes do cérebro. Elas têm muito a nos oferecer. Se não domamos o elefante, ou seja, não treinamos nossa mente, o estresse, a ansiedade e a depressão podem se instaurar. E mesmo que não nos sintamos mal a maior parte do tempo, ainda nos encontramos presos a padrões e hábitos emocionais que nos irritam ou nos deixam de pavio curto, talvez até temerosos. Fazemos as mesmas coisas vez após vez, como uma mosca que esbarra repetidamente contra uma janela fechada, mesmo havendo uma porta bem aberta logo ao lado. Permitimos que a mente se desgoverne, nos puxando e empurrando para todas as direções, mas, com um pouco de treinamento e prática, podemos fortalecê-la e pacificá-la.

## O que deixa a mente inquieta?

Quanto sofrimento vem de não se ter comida ou teto? Para muitas pessoas no mundo esta é a realidade, mas a maioria de nós está até bem confortável, se pensarmos bem. Então por que nossas mentes estão sofrendo? Por que seguem inquietas?

Muitas vezes é nosso senso de eu que cria sementes de inquietude na mente. Tentamos com frequência compreender quem somos, nos definir por certos rótulos. Acabamos analisando cada pensamento e ação: que tipo de pessoa faria isso? Por que sempre reajo desse jeito? Há um sentido subjacente de que poderíamos ser uma pessoa mais bem-sucedida ou mais fácil de ser amada?

Podemos estar buscando nosso lugar na vida, ou procurando ajustar todas as condições da felicidade de forma que um dia possamos nos sentir acomodados e felizes, sem nos ocuparmos com tanto esforço e luta.

Nossos relacionamentos com os outros são fonte de grande alegria, mas também podem ser fonte de inquietude. Há o medo de ficar só e com ele surge a ansiedade de se perder no outro. E há pessoas que só nos deixam frustrados, cutucando nossas feridas e apertando nossos botões.

Muitas pessoas se inquietam com a noção do tempo – simplesmente o dia não tem horas suficientes, elas estão sempre correndo atrás de algo, hora a hora, ou um dia após o outro, ou pensam que a vida era melhor no passado, ou virá a ser no futuro. No mundo de hoje, a pressão vem de todos os lados: desde os avanços tecnológicos disponíveis 24 horas por dia e o malabarismo com as muitas tarefas do dia, que nos deixa cansados o tempo todo, até as preocupações financeiras e da sensação de precisar obter sucesso e vivermos segundo nossas expectativas e as das outras pessoas.

Como podemos liberar essa pressão toda? Como podemos respirar e simplesmente aproveitar bem as coisas, fazê-las corretamente e no prazo, nos sentirmos relaxados, cheios de contentamento e felizes? Mais uma vez, isso implica em aprender a se soltar, assunto que exploraremos melhor durante a parte do livro chamada Retiro da Mente. Isso porque, se tentamos nos segurar a tantos acontecimentos, tanto reais quanto imaginários, pensamentos e emoções, medos, preocupações e expectativas, nosso coração começa a ficar pesado e nossa mente, inquieta. Quando nossas atividades são demasiadas e não conseguimos fazê-las direito, nos sentimos mal; ou nos sentimos culpados por não dar nossa atenção completa para alguém (por estarmos distraídos com milhares de outras coisas).

*Sinais de uma mente inquieta*

Observemos alguns dos sinais de uma mente inquieta:

- Estar ansioso ou temeroso
- Sentir-se apressado
- Sentir-se sob pressão ou impotente
- Sentir-se frustrado
- Distrair-se facilmente
- Procrastinar tarefas cotidianas, sejam elas grandes ou pequenas
- Estar sempre em busca de novas oportunidades de trabalho mais favoráveis
- Dormir mal
- Não comer de forma saudável
- Procurar por estimulantes como saída ou forma de relaxar
- Achar difícil tomar decisões

- Não ter confiança; não se sentir bem em relação a si mesmo
- Estar preso a sentimentos de angústia ou solidão
- Querer sempre mais (mais coisas, mais amor)
- Ser muito crítico em relação aos outros
- Reagir fortemente a incômodos pequenos
- Sentir-se obstruído ou sem direção
- Entediar-se facilmente
- Ficar envergonhado com facilidade
- Sentir-se ameaçado
- Não se sentir amado
- Achar que a vida foi injusta conosco
- Ter inveja dos outros
- Preocupar-se o tempo todo ou pensar demais
- Pensar sempre no pior

Quando vivenciamos esses sinais de inquietude em nossas mentes, é fácil nos prendermos a eles. Mas se pudermos dar um passo para trás e permitir que a mente tire uma folguinha, veremos que tais inquietudes podem ser mudadas. Porém, não esperemos "consertá-las" instantaneamente; não é uma questão de encontrar a solução correta para cada um de nossos problemas. Pelo contrário, precisamos conhecer a natureza de nossas mentes, e como são formados nossos hábitos emocionais, de onde vêm a felicidade e o sofrimento, e como práticas simples, como a meditação e a presença mental, podem ser usadas para domar nossas mentes inquietas e nutrir os pensamentos e emoções que nos ajudam a nos sentir de bem com a vida e poder lidar com seus altos e baixos.

A inquietação vem de três fontes principais:

1. Doença física e angústia mental
2. Desejos – não conseguir obter o que se deseja, ver-se preso numa situação que parece desagradável, ou se sentir separado do que se ama

3. Nosso próprio senso de "eu" ou nossa personalidade – seja uma sensação subjacente de que poderíamos ser uma pessoa melhor, mais simpática ou mais bem-sucedida, ou ser muito rígido com as próprias visões e fortemente críticos em relação aos outros

## Doença física e angústia mental

A doença física muitas vezes faz as pessoas ficarem com a mente perturbada ou deprimida. Até mesmo o cansaço excessivo pode deixar nossa mente menos feliz e mais inclinada a se sentir transtornada ou facilmente irritável.

Quando o corpo não está bem, a mente também sofre, já que a mente, da mesma forma que o corpo, precisa de energia e vitalidade. Estar fisicamente impedido devido a uma doença também pode fazer a mente se sentir cerceada, em especial se não a treinamos para explorar e se expandir, de modo que, mesmo que não seja possível seguir até uma montanha, possamos encontrar uma montanha interna.

Há desafios na vida que podem ser muito dolorosos e este livro não tem interesse em menosprezar o sofrimento. Mas você já pode ter percebido como pessoas diferentes reagem de forma diversa à dor. Por exemplo, algumas pessoas vivem com medo absoluto do que pode vir a acontecer, dos sofrimentos que virão, enquanto outras acham um jeito de viver verdadeiramente no presente. Estas apreciam ainda mais a vida, em vez de se focar no medo que cerca a doença ou a morte. Algumas vezes essa transformação ocorre num momento de crise, mas, em outros casos, essa força emocional vai se desenvolvendo ao longo da vida – da mesma forma que algumas pessoas veem o copo meio vazio, outras celebram o fato de ele estar meio cheio. Podemos treinar nossas mentes para funcionar melhor quando o corpo sente dor, mas é mais fácil fazer isso quando estamos nos sentindo bem e saudáveis, e não no momento em que nos deparamos com uma crise.

O melhor de tudo é que sempre há mais de um jeito de encarar uma situação. Como já vimos, embora possamos pensar que uma situação não nos deixa escolha, nossas reações, pensamentos e emoções são só nossos. Isso não significa sermos totalmente idealistas ou vivermos em negação. A aceitação é um ponto central da mente serena. Muitas vezes somos educados com a noção de que o *aceitar* está ligado a perder a esperança. Mas a aceitação é uma grande força. Quando somos capazes de aceitar os fatos que não podemos mudar, não desperdiçamos mais energia mental nem nos angustiamos com eles; pelo contrário, ficamos focados nas coisas sobre as quais temos controle. Ao lembrarmos que é com os pensamentos que criamos nosso mundo, reconhecemos que temos escolhas na vida, mesmo nos momentos mais difíceis.

A angústia sempre perturba a mente, mas pode ser também um processo muito benéfico para seguirmos em frente. Mas nem sempre é fácil encarar uma emoção tão profunda quanto a angústia; podemos seguir como se tudo continuasse normal, escondendo os sentimentos fortes, temendo que nos avassalem caso os deixemos vir à tona.

Quando ficamos sem reação diante da angústia ou outro tipo de perturbação mental, temos a sensação de que a mente está contra nós. Torna-se muito difícil nos levantarmos e sacudirmos o pó das nossas emoções, uma vez que o peso da angústia, da mágoa ou da tristeza se torna cada vez mais forte. Algumas vezes ficamos presos a emoções dolorosas além de seu prazo de utilidade. Elas muitas vezes são a fonte de medos que nos impedem de viver da forma ousada que queremos. Por isso que, inicialmente, a meditação pode ser difícil para algumas pessoas, pois elas ficam cientes de sentimentos muito bem escondidos, ou daqueles a que se agarram tanto – alguns bons, outros dolorosos como a angústia ou uma mágoa passada. Mas percebem que estavam ali o tempo todo – afetando suas mentes e suas vidas. Basta esse reconhecimento para que as amarras se soltem, ainda que só um pouquinho. Quando olhamos para as emoções no contexto calmo da meditação ou contemplação, elas nem sempre parecem assustadoras.

### Desejos

Nossas crenças sobre a felicidade podem muitas vezes ficar distorcidas e confusas. É possível observar pessoas ricas que querem cada vez mais dinheiro, outras ávidas por fama que, em alguns momentos, desejam ficar sós. No budismo as chamamos de "fantasmas famintos", e elas nunca encontrarão a saciedade (pelo menos por um longo período); não se sentirão saciadas até que consigam perceber, realmente, o que as deixa felizes ou equilibradas.

Acreditamos na necessidade de controlar ou manejar tudo, coisas materiais ou família, amigos e trabalho: se pudéssemos nos livrar de todas as coisas desagradáveis e obter tudo o que quiséssemos, seríamos felizes para sempre; se pelo menos as outras pessoas pensassem em nós, seríamos felizes... No entanto, pensar que a felicidade é alcançada dessa maneira, inevitavelmente, nos levará ao desapontamento e à inquietude.

Isso não quer dizer que os desejos não possam ser fonte de muita felicidade quando estamos relaxados, de bem com a vida e com nós mesmos. Mas basta que saiam de controle para nos deixarem gananciosos, buscando constantemente a próxima coisa desejada, a fim de que ela nos faça felizes.

O desejo também cria na mente um senso de apego. Não só nos apegamos a nossa forma de pensar e ver o mundo (exploraremos a "mente do ego" mais adiante – ver pág. 44), como também às pessoas ou às coisas que desejamos. Podemos acreditar que uma pessoa pode nos fazer feliz e, ao mesmo tempo, destruir nossa felicidade; se ao menos conseguíssemos aquela promoção, só então seríamos capazes de relaxar e aproveitar a vida (mas e o momento presente, como fica?). Se permitirmos que os apegos fiquem fortes demais, eles podem se adensar em nossas mentes e nos impedir de ver todas as outras coisas boas que a vida tem a oferecer, e que estão além de nossos desejos.

Conheci um professor na Tailândia que havia feito uma pesquisa com a pergunta "O que as pessoas querem?". A resposta mais popular foi "Eu quero paz". E ele sorria ao explicar isso porque se você remove o "eu" e o "quero", o que sobra é paz.

### Nosso senso de "eu"

Nosso senso de "eu" causa algumas das mais significativas inquietações em nossas mentes, embora possa também ajudar a desenvolver nossa mente serena. De certo modo é bom não sermos totalmente satisfeitos com nós mesmos o tempo todo; se esse fosse o caso, não nos importaríamos em procurar formas para crescermos e nos tornarmos uma pessoa melhor. Mas quando nos apegamos a nosso senso de "eu", emoções ou aspectos específicos de nosso comportamento, paramos de reconhecer as lições úteis que surgem e nos sentimos desapontados ou frustrados. Por exemplo, podemos nos limitar com descrições de nós mesmos, como "sou tímido" ou "não sei dizer não", assim nos apegamos a essas descrições, que nos colocam em caixas rotuladas, em vez de permanecermos livres para sermos o que quisermos. Se reconhecemos essa tendência, passamos a pensar em nossa autoconsciência como algo positivo que pode ser expandido ao longo do livro e, particularmente, durante o Retiro da Mente na parte dois.

Hoje em dia há muita pressão para sabermos exatamente qual é a grande finalidade da nossa vida – de algum modo, obter todas as respostas para o sentido da vida. E, portanto, se não estamos bem certos quanto a isso, ficamos com a mente inquieta, buscando em todas as direções alguma coisa; ou talvez nos descubramos fazendo exatamente as mesmas escolhas a cada encruzilhada, presos como um disco arranhado – sabemos que as coisas não estão certas, mas somos criaturas do hábito, e nunca é fácil tomar o caminho menos seguido.

Algumas vezes, quando não se sabe para que lado virar, a melhor direção a tentar é para dentro – aprender a ouvir aquela voz interior, sem nem mesmo forçar uma resposta, só passar um tempinho consigo mesmo. Nem sempre teremos uma resposta, mas se nos damos uma folga, e uma chance para a mente se assentar, podemos reconhecer todas as coisas boas que já estão batendo à porta. Podemos até nos voltar para aquelas pessoas na vida que parecem ser capazes de nos ajudar a ver tudo mais claramente, e que nos ajudam a sair de nossa mente inquieta e a retornar para nós mesmos.

## Ego exterior, natureza interior

A forma como encaramos o mundo determina o que vemos. E cada um de nós tem sua forma particular de ver, com lentes próprias que contêm todas as nossas memórias e experiências, e pelas quais filtramos o que está ocorrendo aqui e agora. É importante compreender que nosso senso de realidade é uma *percepção*; é criado pela maneira como pensamos, porque isso significa que podemos mudar a maneira de encararmos os fatos.

A tendência da mente humana é ver o mundo com uma perspectiva "dualista" que descreve tudo com comparações: bom e mau, dor e felicidade, beleza e feiura, rico e pobre. É a isso que o mundo frequentemente se resume. Há diálogo interno constante em operação em nossas mentes, ligado a aspectos como o de gostar ou não das pessoas, coisas e situações, querer coisas que não temos e, constantemente, comparar nossas vidas e a nós mesmos com os outros – julgando em que posição estamos em relação a quem tem mais ou quem tem menos, quem é mais ou menos bem-sucedido, atraente ou feliz.

Quando julgamos tudo com comparações, alimentamos nossa inquietude. Podemos trabalhar duro e sentir que estamos até ganhando bem, mas ao encontrarmos alguém que ganha muito mais do que nós, com a comparação, repentinamente, nos sentimos pobres outra vez. Nossas circunstâncias não mudaram, mas sim nossas percepções.

São nossos *conceitos*, portanto, que nos definem. Pensamos que temos que ser muito firmes e convictos em nossas ideias, de modo que saibamos onde estamos e quem somos. Mas descobrimos que algo que percebemos como excelente, outra pessoa pode perceber como ordinário; ou pode haver uma coisa em que acreditamos fortemente, mas com relação a que nosso parceiro de vida discorda, encarando-a de outra forma.

Na cultura ocidental, em especial, há um dualismo entre o corpo e a mente: tradicionalmente a carne representa a parte selvagem da humanidade, sendo pecaminosa e fraca, enquanto a mente é sofisticada e razoável, nos separando como seres humanos do resto do reino animal. Criamos um senso de separação entre a mente e o corpo, quando, na verdade, como todos aqueles conceitos e crenças que desenvolvemos e em que confiamos, as coisas são muito mais fluidas e mutáveis. Do mesmo modo que o corpo pode ser fraco, a mente também pode ser. E da mesma forma que a mente pode ajudar a cuidar do corpo, o corpo também pode cuidar da mente.

No budismo dizemos que nossas crenças e a maneira como encaramos o mundo são aspectos de nosso "ego", que é a superfície da mente, enquanto nossa "natureza interior" é algo que existe além de quaisquer rótulos e comparações. É fácil confundir o ego com nossa identidade verdadeira, já que é tão forte e, muitas vezes, alardeia muito mais do que nossa natureza interior. É nosso ego que cria a inquietude, mas, na maior parte do tempo, ele é bem preguiçoso, prefere que mantenhamos visões rígidas e fixas de nós mesmos e do mundo a sermos flexíveis e capazes de olhar com uma mente aberta. A mente do ego gosta de saber todas as respostas sem nem mesmo fazer perguntas; somos como somos e todo mundo, inclusive nós mesmos, precisa simplesmente aceitar isso.

Assim, a mente do ego pode dar a impressão de deixar nossa

vida mais fácil. Sabemos nosso lugar no mundo e em nossos relacionamentos. Pensamos saber quem somos, e como podemos agir e reagir de acordo com os rótulos que damos a nós mesmos ou que as pessoas nos dão – a forma com que nós mesmos, ou outra pessoa, descreve nossa personalidade: somos o quieto; o tímido; o bem-sucedido; e ele é a ovelha negra da família. Mas se jogamos uma luz na mente do ego, logo entendemos como estamos predispondo nossa mente para a inquietude.

Em primeiro lugar, há tão pouco espaço na mente do ego que começamos a nos sentir apertados e espremidos. Ouvimo-nos repetindo as mesmas visões, vez após vez, como discos quebrados. Podemos nos sentir entediados em nossas próprias mentes na medida em que seguimos os mesmos padrões de pensamento; parece que não conseguimos ver as coisas com uma perspectiva renovada. A mente do ego forma sulcos tão profundos em nossas emoções que não conseguimos evitar ter a mesma reação perante os mesmos velhos problemas. Pode parecer que estamos numa situação confortável por muito tempo, mas quando não nos sentimos tão bem, essa forma de pensar nos leva a nos sentir mal com nós mesmos, na medida em que todos os rótulos negativos são exagerados e, cada vez mais, projetados externamente sobre os outros.

Mas a mente do ego não gosta de mudança; está feliz em deixar as coisas como são. Portanto, mesmo quando no fundo queremos muito mudar, cada vez que tentamos iniciar a mudança, descobrimos que os velhos hábitos estão instaurados de novo. Podemos começar a nos descrever como alguém que não gosta de mudança e, ao fazer isso, imediatamente erigimos um muro ao redor de nosso potencial de sermos outras tantas coisas: por exemplo, de algumas vezes sermos conservadores e, em outros momentos, ousados e aventureiros. Todos nós usamos rótulos como esses que nos impedem de crescer e aprender com nossa mente, e que, portanto, nos impedem também de aprender também na vida.

> ego, nome, 1a. autoestima b. autoestima em excesso.
> 2. Uma das três divisões da mente na teoria psicanalítica que serve como o mediador consciente organizado entre a pessoa e a realidade. 3. O indivíduo, especialmente quando contrastado com outro indivíduo ou com o mundo.
>
> *Dicionário de Inglês Penguin*

Hoje em dia, quando as pessoas falam em "ego", geralmente apontam para um tipo de arrogância espalhafatosa, barulhenta e inflada. Alguém de quem se diz ter um ego enorme é uma pessoa que imaginamos ser cheia de si, não ser capaz de ouvir, sempre querer aparecer e pensar nas próprias ideias como as melhores. Nós, os restantes, pensamos que não temos tanto ego assim, e talvez até queiramos ter um pouco mais de autoconfiança e ser mais assertivos.

Mas se olharmos além dessa ideia de autoestima para as outras definições do ego, descobriremos fortes paralelos entre a filosofia ocidental e a oriental. As definições de dicionário colocam que o ego pode também ser considerado "o mediador consciente organizado entre a pessoa e a realidade" e "o indivíduo, especialmente quando contrastado com outro indivíduo". O ego é, de fato, muito organizado, coloca rótulos em todos e encontra caixas para tudo. É pelo filtro do ego que damos sentido a tudo que vemos, tocamos, ouvimos, provamos e sentimos. É um mediador que se acumula com o tempo, adicionando cada uma de nossas experiências como ingredientes em sua mistura, enquanto os rótulos dados por nossos pais e outras pessoas se tornam os rótulos de nosso próprio ego. Por sua vez, estes se tornam padrões e hábitos: o jeito de fazermos as coisas, a forma que pensamos.

Por isso faz sentido nos identificarmos tão fortemente com esse filtro ou mediador. O ego se torna nosso sentido de individualidade, quem realmente somos. Ele é tão dominante numa pessoa quieta quanto numa pessoa extrovertida, aparentemente muito cheia de autoconfiança, especialmente no que diz respeito a nos limitar com rótulos ou sentirmos o louvor ou crítica dos outros.

E esse é o cerne da questão, a semente da mente inquieta. Nosso ego torna nossa vida um pouco mais fácil ao nos fazer ver as coisas sempre do mesmo modo, criando um sentido de identidade muito forte a que nos apegamos, e através do qual nos sentimos impedidos de conhecer quem somos. Mas o problema é que esse ego superficial – ou filtro – também depende de condições externas para seu senso de segurança. Assim, ao definir nossa identidade pela comparação e contraste com outros, acabamos, novamente, nos dispondo para inquietude e desapontamento inevitáveis. Mesmo que estejamos entre os melhores da sala de aula, um dia nos depararemos com alguém mais bem-sucedido na vida, tendo em vista nossos próprios padrões e, provavelmente, nos desapontaremos ou nos sentiremos desapontados com os outros.

## O peso das expectativas

É compreensível que as pessoas sejam educadas para serem bem-sucedidas, realizarem seus potenciais, sustentarem a família e tirarem o melhor proveito da vida. Mas as expectativas e pressões para o sucesso podem deixar a mente inquieta, e acabam causando tensão e rigidez. Por isso, sem um sentido natural de fluxo, a pressão para o sucesso realmente começa a ter um impacto no que fazemos. Podemos nos preocupar constantemente em fazer as coisas de forma errada, temendo o fracasso em cada reviravolta e em cada decisão. Situações desafiadoras, por que em geral passaríamos sem pestanejar, começam a se tornar situações de vida e morte para nossos corpos e mentes. Às vezes, essa inquietude se torna tão intensa que paramos de buscar o sucesso, optando por diminuir as expectativas de todos ao redor e, assim, tiramos os holofotes que estavam sobre nós (sendo o holofote da família um dos mais brilhantes). Infelizmente, a inquietude segue, e nos perguntamos o que poderíamos fazer se conseguíssemos relaxar e pelo menos tentar outra vez.

## *Dúvidas*

Uma vez que a semente da dúvida é plantada em nossas mentes, ela geralmente cresce e se espalha antes que sequer percebamos, destruindo nossa confiança. E as dúvidas se multiplicam: quando sentimos uma dúvida sobre algo, parece que logo passamos a duvidar de tudo. A mente do ego se alimenta de dúvidas; começamos a acreditar numa história muito negativa sobre nós mesmos e sobre as pessoas próximas. E, assim, duvidamos de nossas capacidades ou do amor de nosso companheiro. E ao não examinarmos isso, esse tipo de inquietude pode ameaçar a saúde de nossas mentes. É por isso que a meditação é tão boa para eliminar as dúvidas antes de brotarem. Podemos observá-las, percebendo como surgem e por que aparecem. Isso não quer dizer que nunca mais as teremos, mas que podemos reconhecê-las pelo que são – algo que parece real, mas que, como todas as emoções, não precisam ser fixadas ou enraizadas.

## *Nosso senso quanto aos outros*

Nossos relacionamentos com os outros podem ser fonte de grande felicidade, mas também de sofrimento, dependendo de nosso estado mental. Nossas mentes podem ficar muito presas aos sentimentos que determinadas pessoas nos causam, nos deixando loucos de ciúmes ou sofreguidão, ou simplesmente porque essas pessoas sabem nos irritar. Você pode achar que, como budistas, nunca ficamos furiosos, mas esse é, na verdade, um tema muito forte nessa filosofia – lidar com pessoas e pensamentos negativos. Em nossas vidas há pessoas que são muito positivas e que despertam nossas melhores qualidades. No entanto, há também aquelas – muitas vezes trata-se de pessoas que vemos como atraentes ou que admiramos muito (o chefe de uma empresa, por exemplo) – que despertam todo tipo de pensamentos negativos. Ansiamos por sua validação e por seu louvor e, em geral, passamos boa parte do tempo pensando como essas pessoas poderiam mudar para facilitar ou melhorar nossas vidas. Tudo o que elas falam trazemos para o lado pessoal. A pessoa em questão pode até ser alguém a quem amamos muito, porém certas coisas ditas por elas acabam despertando nosso elefante descontrolado. Em vez de pararmos e imaginarmos como poderíamos colocar mais energia no que *podemos* mudar em nós mesmos, desperdiçamos energia mental pensando em como aquela pessoa nos afeta, ou como poderíamos realinhar os planetas de acordo com nossa ideia de fazer esse realinhamento.

As pessoas, muitas vezes, pensam que a meditação é uma prática muito solitária, uma forma de "ficarmos olhando para o próprio umbigo", onde só pensamos em nós mesmos, e que não diz respeito a interações e relacionamentos na vida real. É possível que a consideremos uma prática solitária. No entanto, passar tempo sozinho com os próprios pensamentos é muito diferente de ficar só. Ser feliz na companhia de si mesmo é parte da construção de nossa resistência e de formas de lidar bem com a vida; e, na verdade, a meditação nos faz pensar, também, nas pessoas que fazem parte de nossa vida, em nossa comunidade e até mesmo no mundo. Com a solidão, por outro lado, a mente quase dói e nos remete à tristeza na maior parte do tempo. Pode ser um tipo de inquietação menos frenético, mas certamente não nos sentimos confortáveis em nosso corpo ou em nossa mente. Sentimo-nos estranhos perante o mundo, como forasteiros. Podemos nos sentir perdidos, não amados ou não apreciados. No isolamento, esses sentimentos crescem e deixam cada vez menos espaço para a felicidade, autoconfiança e satisfação.

A razão para a solidão é o ego pedindo "quero amor, quero amizade" e, ao mesmo tempo, esquecendo-se de que para receber, temos que dar; e também por nos sentirmos desanimados quando não estamos constantemente cercados de louvores e declarações de amor. Se pudermos nos abrir com amor e compaixão pelos outros, reconheceremos que sempre estivemos cercados por seres que nos amam e que amamos, e que todos os seres respondem ao amor genuíno.

### Condições externas

É muito fácil cairmos num estado mental que confia nas coisas externas para determinar como nos sentimos internamente. É por isso que uma ideia bem conhecida do budismo é abandonar o louvor e a crítica, já que qualquer dessas atitudes, encaradas como boas ou más, não importa, significa que estamos confiando em causas e condições externas para nosso sentido de identidade e valor:

> *A rocha sólida não é movida pelo vento, e da mesma forma o sábio não se altera por louvor ou crítica.*
>
> *Buda*

Você pode pensar que pessoas ou bens particulares, e não a mente, o fazem feliz ou infeliz. Você pode confiar no louvor de seus chefes a seu trabalho para se sentir bem em relação às suas tarefas diárias e, igualmente, temer ser criticado por erros cometidos nelas.

Muitos crescem sentindo-se rotulados por palavras e julgamentos das outras pessoas. Podemos estar inseguros sobre a importância de nossas ações quando não somos admirados por elas, ou quando ninguém as comenta. Em vez de imergirmos na alegria de fazer o que realmente fazemos bem, porque é algo de que gostamos e em que trabalhamos arduamente, nos distraímos e perdemos o foco, continuamente buscando validação fora de nós mesmos.

Quando conseguimos sentar silenciosa e calmamente e observar a passagem do dia sem necessidade de receber elogios ou críticas, começamos a entrar em contato com a realidade de nossas mentes e de nossa natureza interior. E, quando abandonamos a necessidade de sinais externos desse tipo, é fantástico observar quanto espaço se abre em seu lugar – quão amplas e vastas nossas mentes se tornam. Ser inteiro sem depender dos outros não significa estarmos separados deles ou precisarmos ficar indiferentes, ou sermos como uma ilha. Significa apenas que podemos passar mais tempo pensando bem dos outros, em vez de nos preocupar com o que pensam de nós. Podemos também abandonar qualquer impulso de fazer um jogo de culpa, já que estamos confiantes em nossas intenções e reconhecemos que os outros, também, estão tentando fazer seu melhor.

### Vemos o mesmo mundo de formas diferentes

Digamos que você esteja fazendo uma trilha com um grupo de pessoas numa montanha. Para você, isso é excitante e prazeroso, faz seu corpo se sentir bem, e você aprecia as paisagens e a euforia em cada passo. Mas outra pessoa em seu grupo pode estar sofrendo com bolhas nos pés ou estar doente, e para ela, cada passo é muito difícil. Os dois estão determinados a prosseguir, mas cada um tem experiências muito diferentes com a mesma situação. Qual é a verdade? As duas experiências precisam ser igualmente respeitadas e também ignoradas, já que não devemos ter apego a nenhuma delas. A experiência de cada um pode mudar a qualquer momento e, assim, deter-se numa ou noutra verdade não faz sentido.

Este é só um exemplo simples, mas quando o ego está controlando fortemente nossas mentes, não percebemos as coisas de todos os ângulos possíveis. Como já vimos, o ego fica mais feliz com o estado usual das coisas do que com manifestações de flexibilidade e abertura. Ter ideias fortes com relação a tudo muitas vezes identifica um forte senso de identidade. As pessoas capazes de ver o outro lado de um argumento podem até pensar que são facilmente influenciáveis e desejar ter crenças mais fortes, mas não percebem a grande habilidade mental que possuem. Aqueles que estão dispostos a ver as coisas na perspectiva do outro são os grandes ouvintes do mundo; eles possuem compaixão e empatia muito profundas.

Não há nada errado em termos nossas crenças, nossa forma de ver o mundo – faz parte de nossa identidade como indivíduos. Nossas experiências e nossas memórias estão presentes em nós mesmos, e a chave é ficar ciente das lentes, ou dos filtros, e reconhecer que também podemos mudar de perspectiva; especialmente quando nos sentimos agitados ou estagnados na vida, podemos mudar o registro.

## *O ego e o "apego"*

A ideia principal da filosofia budista diz respeito ao apego e a como nossa fixação a coisas, pessoas ou desejos, muitas vezes cria grande parte do sofrimento ou da inquietação em nossas mentes.

Não é má ideia termos um relacionamento amoroso e carinhoso com os outros, ou termos ambições e querermos ser bem-sucedidos na vida. Pelo contrário, o ponto é a natureza dos apegos. Tão logo eles se apresentem como fixações, ou sejam motivados pelo ego de forma possessiva, se tornam uma fonte potencial de sofrimento mental. Isso pode ocorrer de forma suave, mas também pode ser gatilho para uma angústia muito verdadeira. Quando nos prendemos muito fortemente a nossos apegos, tentamos deixá-los como são, torná-los permanentes. Mas nada na vida é permanente. Nossos relacionamentos mudam ao longo do tempo, os trabalhos também e, algumas vezes, os perdemos, e até mesmo tijolo e cimento têm hora para despencar. Quando chegamos nesta vida, estamos de mãos vazias, e quando a deixamos, também. E, ainda assim, queremos acumular tanto em meio a ela. Não é uma má ideia desejar o sustento próprio e o das pessoas que amamos, mas uma das mais fortes mensagens que ofereço é de não nos prendermos rigidamente ao apego a qualquer coisa. Se conseguirmos deixar as coisas irem e virem sem nos sentirmos amolados, logo começaremos a desinquietar a mente.

Vou dar um exemplo simples de apego. Imagine que eu tenha um relógio muito bom e eu o quebre na sua frente. Você pode dizer, "Ah, ele é louco!" ou "Que relógio bom! Ele o quebrou!". Isso é tudo. Mas se eu lhe der o relógio e, depois de cinco minutos, eu o quebrar, é possível que você se sinta bem irritado ou chateado comigo. "Por que você quebrou meu relógio?" E por que é assim? Por que agora você está sentindo a dor? Eu não mudei, você não mudou, o relógio não mudou. É só um objeto, o mesmo que era antes, mas agora você se apegou a ele e o considera seu, e de uma hora para outra surge esse sofrimento por sua perda.

No mundo de hoje é fácil nos apegarmos ao luxo. Podemos ter sido educados a realmente fazer disso um de nossos principais objetivos na vida. E é muito bom nos esforçarmos e trabalharmos muito. É só uma questão de sermos capazes de ver as coisas como elas são. Ter um teto e comida suficiente para se sustentar é necessidade fundamental de todos os seres humanos se desejam a felicidade. Mas sermos muito apegados a qualquer coisa além desse teto simples e de alguma comida pode nos dispor para a inquietação, já que acabamos competindo constantemente para ter casas, carros e feriados cada vez melhores. Em algum momento, inevitavelmente, vamos nos desapontar; portanto, não devíamos relacionar essas causas externas à felicidade.

Não estou dizendo que não deveríamos apreciar hotéis de luxo, ou que precisaríamos todos ir sentar nos Himalaias. Mas acho que devemos ter a liberdade de dizer: se eu quiser, posso ficar num bom hotel e colocar boas roupas, mas posso também dormir numa tenda com um saco de dormir, porque a vida não é constante e nem sempre é estável. De fato, ficar num hotel é um bom exemplo. Quando ficamos num hotel cinco estrelas, aproveitamos todo o luxo oferecido. Enquanto ficamos hospedados, fazemos o melhor uso de cada minuto. No entanto, quando acertamos as contas para ir embora, não choramos – sabíamos desde o princípio que a estada no hotel não duraria para sempre. Mas com relação a nossas próprias casas, muitas vezes, ficamos muito apegados a elas, e sofremos bastante quando temos que as deixar e seguir em frente.

Enquanto guia espiritual, sigo pelo mundo todo ouvindo as dificuldades das pessoas, e tento achar soluções espirituais para elas. Enquanto muitos desastres estão ocorrendo no mundo, e há tanta pobreza, conflito e dificuldades, boa parte do sofrimento que vejo nas pessoas vem de suas mentes, devido a apegos a riqueza, fama ou relacionamentos. A mente fixada se prende a tudo – crenças, pessoas, bens – de forma que acabamos não tendo espaço nem para respirar. E a mente apegada quer o que não pode ter, sempre olhando por cima da cerca na direção do que os outros têm, sempre buscando mais. Ficamos apegados aos nossos próprios desejos, infelizes por não os podermos realizar, culpando os outros, ou a nós mesmos. Em nosso desapontamento, ficamos irritados mais facilmente, nos desencorajamos e até mesmo nos deprimimos. O que começa como um simples desejo, logo nos deixa muito mal pelo apego que sentimos por aquilo; transformamos nossa felicidade em uma condição que pode surgir, ou não. Com tantos apegos, a vida se torna pesada.

Assim, no Retiro da Mente, agradecemos a todas as coisas e pessoas boas em nossas vidas com a meditação de Apreciação (ver pág. 85) e, no mesmo exercício, meditamos sobre a natureza da mudança. É muito bom amar e nos importar com as pessoas e apreciar como nosso trabalho permitiu nos sustentar bem como aqueles que amamos e, ao mesmo tempo, compreender que tudo na vida está sujeito à mudança. Nada é fixo, e assim não faz sentido ficarmos muito apegados – mas, se ficarmos, quando uma pessoa ou situação inevitavelmente mudarem, lutaremos para que as coisas fiquem como estão, ou como elas costumavam ser. Não somos flexíveis ou fortes o suficiente para abarcar a mudança e aproveitar o momento, não importa o que surja.

Quando olhamos para nossos apegos e emoções, queremos sempre nos agarrar a eles. Ao vermos nossas crenças e rótulos como são – percepções, não uma realidade fixa –, compreendemos que é possível sermos mais flexíveis e abertos; mais soltos, menos cheios de fixações. Não queremos rebaixar nossos padrões ou abandonar nossas crenças, mas não somos mais tão arrogantes, presumindo estarmos sempre certos, sermos sempre os melhores, sempre perfeitos. Podemos abandonar esses ideais impossíveis e nos aceitar como imperfeitos, tentando fazer o melhor em vez de sermos o melhor, dispostos a aprender com os outros e a reconhecer que, algumas vezes, cometeremos erros. E, ao fazermos isso, nos damos uma oportunidade maravilhosa de melhorar e crescer, em vez de permanecermos presos a certas formas de pensar e viver. Podemos exercer o destemor, na medida em que abandonamos nossas fixações sobre o medo de fracassar, já que o fracasso também é uma percepção, e não uma realidade. E, quando nos desgarramos das expectativas, o mundo repentinamente se abre e descobrimos novos caminhos que não imaginávamos sequer possíveis.

A vida é cheia de altos e baixos. Se você não consegue aceitar esse fato quando a vida o leva para baixo, você não está preparado para ela. Durante toda a vida, passamos por muitos obstáculos e dificuldades. Não devemos nos focar nas dificuldades específicas, mas na forma como as encaramos. Uma vez que tenhamos treinado nossas mentes para serem calmas e fortes, poderemos encarar qualquer desafio.

Deveríamos ter a liberdade de ter desejos e ambições, as coisas e pessoas que queremos, mas precisamos ser flexíveis e compreender que tudo está sujeito à mudança e que não há motivo para gerar um apego demasiado. Com uma atitude relaxada em relação a esses fatos, podemos, com uma xícara de chá quente num dia muito frio, ficar muito felizes com nosso último iPhone, ou mesmo sem ele!

### *A mente do hábito*

Na medida em que crescemos, desenvolvemos padrões de personalidade e hábitos de comportamento. Nosso ego gosta de hábitos porque são automáticos, como todas as pequenas decisões inconscientes que tomamos durante o dia, um piloto automático que deixa a vida mais fácil (como ir para o trabalho, quando fazer uma xícara de chá, comer ou não aquele biscoito a mais). Mas, desse modo, as emoções também ficam presas a esse processo automático e, assim, se criam os hábitos emocionais da mente. Caímos em padrões familiares no que diz respeito a reagir a situações; sentimos as emoções subirem e, até algumas vezes, nos perguntamos por que sempre reagimos do mesmo jeito, tentando traduzi-las em formas de pensar, e sentindo que são inerentes a nossas personalidades – algo impossível de ser mudado. Por exemplo, pense na crítica e em como você reage a ela. É uma reação familiar? Seu orgulho fica ferido? Você sempre fica na defensiva ou se sente agitado porque quer que tudo sempre fique direitinho, e odeia o pensamento de estar errado? E como você reage quando as coisas não acontecem como o planejado? Você sempre se fixa no que planejou, mesmo quando sabe, bem no fundo, que aquilo é errado, porque você é "esse tipo de pessoa", ou corre para a próxima etapa no primeiro sinal de que há problema, de forma que você sempre parece estar correndo, e nunca se acomoda?

Um cientista que conheci no Butão e que estuda a felicidade descobriu que se você não fizer nada em relação a uma emoção negativa quando ela surgir pela primeira vez, ela passará a se manifestar frequentemente. E, se você continuar a deixá-la sem tratamento ou não lidar com ela, o que começou como uma emoção de ocorrência única enevoará seu humor e, uma hora, se tornará parte de sua personalidade. Assim, uma pessoa vista como "mal-humorada", por exemplo, não começou a vida dessa forma, mas, com o tempo, com as emoções se arraigando, fica difícil se livrar desse rótulo.

Os hábitos da mente também fornecem nossa estrutura mental – a forma pela qual vemos o mundo. Assumir pressuposições é algo que os seres humanos fazem o tempo todo, já que não somos capazes de conhecer cada detalhe de cada decisão que tomamos ou percepção que temos antes de nos decidirmos. Mas nossa estrutura mental pode se tornar bem rígida com o tempo. O exemplo mais óbvio é fazer pressuposições com relação a pessoas a partir da aparência, fazendo com que os hábitos mentais se tornem preconceitos. Mas da mesma forma que fazemos julgamentos quanto a estranhos, também os fazemos quanto àqueles próximos a nós e, talvez, até mais com relação a nós mesmos. Baseados em nossas experiências passadas, colocamos rótulos em situações e pessoas, o que faz certo sentido, mas também significa que nossa visão de mundo pode ficar bem estreita. Isso significa que as pessoas e situações podem nos perturbar ou incomodar, uma vez que raramente se encaixam no molde que queremos. Ficamos com mentes apertadas e restritas e, facilmente, somos levados à agitação e à inquietação.

A mente do hábito se fixa na familiaridade, em nossa zona de conforto, ficamos felizes com a situação como ela é, mesmo que não seja muito boa para nós. Muitas vezes a mente de hábito segue despercebida, na medida em que seguimos reagindo a certas situações da mesma forma, sem questionar. É como somos, está no nosso DNA agir ou pensar desse jeito. Mas, do mesmo modo que hábitos emocionais são aprendidos ao longo do tempo, eles também podem ser rompidos, especialmente se criarmos um espacinho aberto na mente para que novas formas de pensamento surjam.

Requer muita coragem começar a trabalhar com a mente e desafiar algumas de suas formas estabelecidas de operar; sentimos que nossa mente está trabalhando contra nós há um tempo, nos fixando em certos padrões de pensamento, ação e modo de ser. Mas se pudermos jogar consciência sobre os pensamentos e emoções e, realmente, vermos quais são úteis e quais nos deixam chateados ou inquietos, começaremos a levar mais equilíbrio para a mente, fala e ações, e, portanto, para a vida.

## Onde buscamos felicidade?

A felicidade é um sentimento belo. É uma mente bela e pacífica.

No entanto, é assim que geralmente funciona: queremos algo porque pensamos que vai nos deixar felizes. Vamos atrás. Conseguimos. E logo percebemos que não é suficiente, e não mais nos faz felizes. Então queremos outra coisa e a obtemos. E queremos novamente ainda outra coisa. Os jovens pensam que os mais velhos, que são mais bem-sucedidos, devem ser felizes. Os mais velhos ainda estão buscando algo que os faça se sentirem importantes. E podemos passar toda a vida correndo atrás da felicidade e nunca a obtendo. E, nesse processo, sacrificamos nossas amizades, nossas emoções e nossa saúde. Algumas pessoas podem acabar sacrificando tudo e não obtendo nada.

Pense quantas vezes você se sentiu insatisfeito com a mesma coisa com que sonhou conseguir. Muitas pessoas são educadas para usar a insatisfação como uma força de motivação. É o que faz as pessoas trabalharem duro, serem bem-sucedidas, e seguirem "subindo" de alguma forma. A finalidade última da vida é ter padrões cada vez melhores – uma casa maior, um carro mais caro. Nossas mentes de ego nos prendem ao pensamento de que isso é tudo o que precisamos para sermos felizes. Somente essa busca desenfreada ou o fato de encontrarmos a pessoa de nossos sonhos nos fará felizes. O único problema é que devido a nossa tendência de sempre fazermos comparações, tão logo obtivermos o que buscávamos para nos deixar contentes, perceberemos que esse sentimento nunca dura muito, e continuamos nessa busca ininterrupta.

Então, de onde nossa felicidade vem realmente? Dessas coisas externas, ou daquela pessoa? Ou é algo que está dentro de nós? Se conseguirmos ver que é algo dentro de nós, é possível também obter controle sobre ela, cuidar dela e fazê-la crescer.

Algumas vezes é a busca constante por felicidade que causa a inquietação. A felicidade está logo ali, e estamos tão focados no que está à frente que esquecemos o que temos nesta vida neste momento, sem nunca dar a nós mesmos, ou a nossas mentes, qualquer chance de se assentar. É interessante porque algumas das coisas que podem deixar a mente inquieta não são intrinsecamente ruins; motivação e ambição, por exemplo, podem ajudar a manter a mente ágil e energizada, e é importante ter responsabilidade pelo próprio futuro. É quando esses fatores começam a sobrepujar a mente, que eles perturbam o equilíbrio natural e nos causam problemas. Quando conectamos a felicidade ao futuro, então perdemos o presente de vista por algo que pode ou não ocorrer.

Temer ou, por outro lado, ficar muito excitado com o desconhecido faz parte da natureza humana. Na maior parte do mundo, as pessoas são educadas a pensar sobre o futuro, sobre cultivar objetivos e ambições de acordo com as expectativas – as suas próprias ou as dos outros. É importante estar atento quanto ao futuro, mas quando investimos todo nosso presente em esperanças futuras, estamos colocando muito valor no que, inevitavelmente, é duvidoso. Isso nos deixa inquietos e agitados, na medida em que passamos a depender da incerteza.

Às vezes nos sentimos inquietos porque temos a sensação de estarmos esperando que algo aconteça, mas, de alguma forma, não nos sentimos prontos, ou estamos nervosos para fazer alguma mudança ou inseguros quanto ao resultado. Podemos não estar muito felizes com nossa situação atual, mas pelo menos sabemos com o que, ou com quem, estamos lidando. E embora no fundo queiramos tentar um caminho diferente, não somos realmente capazes de dar o primeiro passo numa nova direção. E se tudo der errado? Há tantas responsabilidades a considerar antes...

Mas poucas pessoas que conheço se arrependeram de dar um salto no escuro, mesmo quando as coisas acabam não ocorrendo como elas imaginaram – isso porque a beleza da vida muitas vezes está na surpresa.

*Natureza interior*

*Qualquer alegria que você busque você pode conquistar; qualquer sofrimento que você busque você pode achar.*

*Provérbio tibetano*

É difícil descrever a natureza interior, uma vez que ela está além das palavras e dos rótulos, além da comparação e do julgamento. É como um tesouro oculto sob a cama e que, para a maioria das pessoas, passa despercebido. Mas se você começar a descascar as camadas da mente do ego, permitindo-se olhar para ele de diferentes perspectivas, acaba desenvolvendo uma compreensão do que está por baixo – uma mente que não só é serena, mas cheia de sabedoria e compaixão, e que conhece o caminho. Sua natureza interior é sua natureza bondosa, aquela que você oferece incondicionalmente, quando está inspirado ou verdadeiramente motivado e cheio de vitalidade. Sua natureza interior é cheia de amor. É aquela calma que fica embaixo de todo o ruído do ego.

Nas palavras do Buda: "O caminho está no coração." Portanto, se alguém quer a paz, precisa ouvir o coração ou a natureza interior. Nesse momento ela pode ter uma voz muito baixa, especialmente se a mente estiver inquieta. Mas há momentos em que sabemos que ela está lá, nos ajudando: quando somos pacientes, quando vemos as coisas por mais de uma perspectiva ou ponto de vista, quando sentimos que a vida está se abrindo e é cheia de potencial.

Vamos olhar alguns dos sinais da mente serena:

- Sentir-se confortável
- Sentir-se pacífico
- Sorrisos e risadas
- Tolerância
- Paciência
- Foco
- Generosidade
- Comer de forma saudável
- Dormir bem e acordar descansado
- Contentamento
- Flexibilidade
- Aceitação dos altos e baixos da vida, das coisas que não podemos controlar
- Apreciação pelo que temos
- Ser motivado
- Otimismo
- Ser espontâneo *e* bem preparado
- Ser aberto a novas experiências

Na parte dois, onde falo do Retiro da Mente, há algumas meditações que o encorajo a praticar para desencobrir sua natureza interior e se conectar com ela diariamente. Contudo, se você, após ler este livro, só conseguir fazer o exercício de Respiração Diária e a Meditação de Apreciação por alguns minutos todos os dias, essas práticas trarão calma e abertura para sua mente e para seu cotidiano. Conectar-se com a respiração é uma ferramenta que você pode levar consigo para onde for, e que é de grande ajuda em qualquer situação. Se você se sentir ansioso, frustrado, tenso ou irritado, focar-se na respiração o trará de volta à calma de sua natureza interior. Isso literalmente abre espaço para suas emoções respirarem e fornece mais tempo para considerarmos nossas reações – os pensamentos, palavras e ações.

    A meditação de Apreciação é o primeiro passo para permitir e encorajar sua natureza interna a vir à tona em sua mente. Alguns poucos minutos pensando sobre todas as coisas boas em sua vida produzem efeito sobre o dia inteiro. É também uma das habilidades emocionais e mentais principais para lidar bem com a adversidade e mostrar coragem ao nos depararmos com doença ou tristeza profunda. Elas possibilitam que descubramos algo ou alguém para apreciar mesmo quando a vida se mostra incrivelmente dura. Isso, muitas vezes, envolve sermos capazes de olhar para as situações de um ângulo diferente, mudando nossa perspectiva. Ela remete ao conhecimento de que embora seja verdade que não podemos mudar muitas das condições externas que a vida nos traz, temos controle sobre nossa reação a elas, e especialmente sobre como *pensamos*.

Sua natureza interior é a mente serena.

# 2
## O Retiro da Mente

*A vida é moldada pela mente; tornamo-nos
aquilo que pensamos.*

*Buda*

A mente serena é aberta, sem julgamentos, curiosa, vivaz, paciente e destemida. Quando está serena, há um equilíbrio natural entre emoção e razão. Conseguimos cuidar das tarefas do dia a dia e, ainda assim, manter uma visão panorâmica. Prevalece um sentimento de harmonia – a mente está trabalhando conosco, em vez de saltar para todos os lados, fazendo-nos sentir apressados e estressados, inseguros com relação a tudo. Quando nossas mentes estão saudáveis, nos sentimos agraciados e entendemos nosso propósito na vida. Assim, nossos relacionamentos nos dão suporte e retribuímos generosamente com bondade e compaixão pelos outros.

Isso não significa que a vida se torna um mar de rosas; ela ainda está repleta de dias bons e dias tristes. Mas apreciamos a vida e nossa força interior, e com elas, podemos lidar com as dificuldades e a mudança. Pensamos menos em como os outros nos veem e nos julgam, e temos a coragem de nos perguntar que tipo de pessoa somos e como podemos melhorar. Da mesma forma, julgamos menos os outros e nos sentimos mais tolerantes e pacientes – mesmo para com aqueles que nos provocam. Ainda ficamos tristes, bravos e frustrados quando o mundo joga dificuldades em nosso caminho, mas começamos a perceber as emoções tais como são: algo que parece muito real, mas que não está fixo e que, da mesma maneira que surge, também desaparece. Assim, deixamos que isso ocorra.

Termos uma mente serena é relaxar na própria natureza interior. Nela temos refúgio da raiva, da inveja, do apego egoísta, do orgulho e da ignorância, e encontramos um solo fértil para plantar as sementes de boas ideias, tomadas de decisões e cursos a seguir. Mas não basta só acharmos esse solo fértil, é necessário também plantarmos o arroz e retirarmos as ervas daninhas. É necessário cuidarmos e alimentarmos as sementes de uma boa vida, aguando-as com paciência e bondade para com nós mesmos e para com os outros. Permitamos que o sol brilhe em nossa mente e em nosso coração, nos permitindo descansar e respirar. Façamos amizade com nossa natureza interior.

É esse o foco desta parte do livro, o Retiro da Mente. Todos nós temos a mente serena, mas algumas vezes os medos e a mente do ego assumem o controle e, portanto, não a reconhecemos. Por isso é tão importante passarmos um tempo compreendendo a natureza da mente e desenvolvendo sua harmonia através de exercícios – em particular meditações – que nos ajudam a dar a nossas mentes o descanso que tanto merecem, para que possamos examinar a vida para nosso benefício e para fazermos pequenas melhorias a fim de beneficiarmos todos ao redor também. Em vez de tentarmos resolver ou consertar os problemas da mente inquieta, cultivaremos a mente serena.

Para muitas pessoas, simplesmente dar um descanso para a mente é o único fortificante necessário. O barulho incessante desacelera e a mente começa novamente a se assentar, conseguindo, assim, ver as coisas com mais clareza. Outras pessoas podem usar esse tempo ampliando a mente e desenvolvendo melhor a compaixão e a empatia – a capacidade de ver os fatos do ponto de vista dos outros. Também é uma ótima forma de "nos soltarmos" de mágoas e ressentimentos antigos ou formas fixas de pensar – para uma maior leveza e menos obsessão com detalhes dos pensamentos.

Dar espaço para a mente nos permite parar de perder tempo com fatos de pouca importância; começamos a aprender as lições de nossos pensamentos e emoções aflitivas, vendo-as como sabedorias. Aprendemos a fazer uma nova amizade com o silêncio e a quietude, bem como com a natureza. Ao fazermos uma só coisa de cada vez, mas de forma bem-feita, redescobrimos nossos poderes de concentração. Reacendemos nossa inspiração e motivação com o desenvolvimento de nossa apreciação. Voltamo-nos à experiência sensorial do momento, em vez de pensarmos no passado ou nos preocuparmos com o futuro. Começamos a equilibrar o corpo e, em consequência, a mente.

## As ferramentas da mente serena

Utilizamos várias ferramentas para treinar a mente de forma a gerar paz, felicidade e um sentido positivo de identidade e direção.

- Respiração diária
- Meditação da apreciação
- Meditação da contemplação da mudança
- Meditação de autorreflexão
- Meditação do equilíbrio na tranquilidade: a mente como projetor
- A sabedoria das emoções
- Soltar-se
- Voltar ao momento presente
- Cultivar o corpo para cultivar a mente

A primeira coisa que precisamos fazer para ajudar nossas mentes é trabalhar com o corpo e, em particular, com a respiração. Ficarmos atentos à respiração por alguns minutos já é uma ferramenta instantânea de relaxamento para a mente inquieta. Logo que nos acalmamos com a respiração, começamos também a tranquilizar a mente. Com o foco na respiração, também nos recolocamos em nosso corpo e no presente. É fantástico como o corpo ajuda a mente. A partir de então podemos usar a respiração como uma visualização: inspiramos os sentimentos positivos e soltamos os pensamentos ou emoções negativas ao expirarmos. Fazer o exercício de Respiração Diária por alguns minutos todos os dias nos ajudará a reduzir os níveis de estresse e aumentar a tranquilidade

As meditações de Apreciação e Contemplação da Mudança são práticas conjuntas e uma ótima forma de começarmos o dia. Pensarmos sobre as situações e pessoas em nossa vida por quem temos gratidão é a mais forte ferramenta, já que produz em cadeia outros sentimentos bons, tais como amor, generosidade, motivação, inspiração e bondade. Contemplar a mudança é a ferramenta usada para nos assegurarmos de que não nos apegamos tanto às coisas que apreciamos! Isso não quer dizer que não nos importamos profundamente com elas, mas entendemos que não podemos controlá-las e que na vida as mudanças são ininterruptas. O que apreciamos pode, portanto, também mudar – por isso não tentamos consertar nada, e não confiamos que certas coisas permaneçam exatamente iguais só para nos deixar felizes.

Se começarmos, hoje mesmo, a praticar o exercício da Respiração Diária e a meditação da Apreciação juntamente com a Contemplação da Mudança, já perceberemos um efeito positivo tanto em nosso dia como em nossa mente. Quando começamos o dia contemplando a gratidão (mesmo que aconteça de ficar difícil achar algo de que se sentir grato – é surpreendente como isso fica raro depois de um tempo), isso nos coloca num estado de espírito que nos permite ver o "copo meio cheio", à medida que o dia segue. E mesmo que nossa tranquilidade seja repentinamente perturbada por situações desafiadoras, como uma crise no trabalho ou nosso filho pequeno berrando a plenos pulmões no supermercado, descobrimos que é possível permitir que as emoções ou reações negativas surjam, mas percebemos, também, que elas se dissipam mais fácil e prontamente.

Logo, para nos aprofundarmos um pouco mais na observação de nossa mente, contemplamos quem somos, refletimos sobre o tipo de pessoa que nos tornamos, nossos hábitos e padrões emocionais. Não fazemos isso para encontrar "defeitos", ou encarar todas as coisas de que não gostamos em nós mesmos, mas desenvolvemos uma capacidade de olharmos para dentro e realmente nos conhecermos e nos aceitarmos, para então seguir em nossa vida de uma forma mais positiva.

Treinando a contemplação, também aprendemos a desafiar os vários rótulos que construímos ao longo dos anos – rótulos que, gradualmente, limitaram nossa visão, causando, assim, tensão e estreitamento em nossas mentes. Desafiamos a tendência de sempre ver as coisas ou as pessoas, inclusive a nós mesmos, da mesma forma. Isso alarga a mente, promovendo mais paciência, tolerância e flexibilidade, que são aspectos-chave de uma mente serena. Assim que começamos a desafiar nossas formas de pensamento usuais, também começamos a explorar nossos sentimentos, contemplando nossas emoções para podermos tirar lições delas. É com todas as ferramentas citadas acima que nos tornamos capazes de nos soltar das coisas que desorganizam nossa mente e fazem com que nos sintamos inquietos ou infelizes, ou que não somos uma pessoa bem-sucedida o suficiente. A mente inquieta se prende tão fortemente a tantos pensamentos e expectativas que pode se tornar opressiva. É possível também que fiquemos constantemente distraídos com toda a desordem acumulada em nossas mentes a ponto de acharmos difícil concluir tarefas durante o dia; não há espaço para que estabeleçamos um foco, estamos mentalmente exaustos. As mágoas ou arrependimentos do passado criam nuvens sobre o presente. Talvez apenas precisemos abandonar as crenças ou padrões rígidos que apregoamos a nós mesmos e aos outros. Precisamos viver mais e nos permitir viver. Se nos soltarmos, quem sabe para onde iremos – e essa é a aventura.

É fantástico perceber por quantas vezes nossas mentes vagam para longe do presente, seja para o futuro ou para o passado; portanto, desenvolver formas de retornar ao momento presente é muito útil para cultivarmos uma mente serena. E essa prática é a presença mental cotidiana; por exemplo, quando estamos lendo para nosso filho, estamos presentes tanto na história como na companhia de nosso filho, por isso não pensamos em nossa lista de compras ou em todas as tarefas que precisamos fazer no trabalho no dia seguinte. Quando estamos comendo, façamos apenas isso – sentindo o gosto de cada porção. Não significa que não planejemos mais o futuro, nem nos recordemos do passado, mas que, em alguns momentos do dia, nos lembremos de ficar só no presente, saboreando cada experiência. Exploraremos mais essa presença mental cotidiana na Parte Três do livro, aplicando as práticas ao dia a dia, aos relacionamentos e aos cuidados com nosso corpo até o cultivo da mente serena no ambiente de trabalho.

Quando ouvimos a palavra "retiro", não devemos pensar que o treinamento de nossas mentes implica em nos separarmos do mundo ou em reprimirmos nossas emoções. Consiste apenas em darmos uma chance para que a mente se revigore, olharmos as coisas com frescor e termos um espaço mental para observar e explorar. É somente quando cuidamos de nossa mente que temos a possibilidade de controlarmos a inquietação. Se quisermos nos sentir mais confortáveis com nossa mente e nossas emoções, é necessário conhecer seu conteúdo, em vez de apenas nos sentirmos culpados em relação a qualquer aspecto que nos pareça negativo.

À medida que nos familiarizamos com nossa mente, vemos exatamente onde estão as fronteiras entre o que é saudável e o que não é, percebendo quando passamos de um estado natural de alegria para um estado mais intenso de desejo ou avidez. Começamos a notar onde um conjunto positivo de padrões éticos se tornam rígidos, traduzindo-se em irritação quando não vivemos de acordo com eles. Podemos até aprender a usar nosso corpo para desenvolver nossa consciência; sentimos as mudanças em nossa respiração quando estamos em pânico ou frustrados, o calor começando a se espalhar por nosso corpo à medida que sucumbimos à vergonha ou a uma raiva repentina.

## Por que meditar?

*Da mesma forma que o flecheiro desbasta e endireita as flechas, o mestre dirige os pensamentos inconstantes.*

*Buda*

Quando nossa mente fica inquieta, achamos que estamos fazendo muitas coisas e, ainda assim, é possível que, após um dia inteiro, descubramos que não conseguimos separar alguns minutos para simplesmente sentar e deixar os pensamentos se assentarem. Ouvimos sobre os benefícios da meditação, mas a deixamos de lado para nos ocuparmos com outras tarefas. Podemos tomar uma taça de vinho, ligar a televisão e cair no sofá no tempo exíguo que temos antes do cansaço nos levar para a cama – isso pode nos ajudar a nos desligar por um tempo, mas, no fundo, continuamos o ciclo da mente inquieta.

Não é fácil mudar velhos hábitos ou cultivar novos, por isso, pode ser muito útil participarmos de um grupo de meditação semanal para começarmos a praticar. Podemos, também, manter o compromisso de passarmos dez minutos meditando pela manhã ou pela noite. Ajustar o alarme para dez minutos mais cedo pela manhã, permite que, em vez de sairmos apressados, possamos separar um tempo para trabalhar a respiração e pensar nas coisas boas em nossa vida. Sentiremos as reverberações positivas no cotidiano assim que começarmos.

Uma das parábolas mais famosas ensinadas pelo Buda é a Parábola da Jangada, na qual ele comparou seus ensinamentos a uma jangada cruzando um rio turbulento.

A história conta que um homem estava preso numa das margens do rio. De um lado do rio, havia grande perigo e incerteza e, do outro lado, segurança. Porém, não havia ponte sobre esse rio e nem mesmo algum barco disponível. O que fazer? O homem reuniu toras de madeira, folhas e cipós, e com sua inteligência, construiu uma jangada com esses materiais. Deitado na jangada e usando as mãos e os pés para dar impulso, ele conseguiu cruzar o rio do lado perigoso para a margem segura.

O Buda então perguntava aos ouvintes: "O que vocês acham: se o homem, tendo cruzado o rio, pensar, 'essa jangada me serviu bem e agora, ao caminhar pela terra, vou seguir levando-a nas costas?" E os monges responderam que não seria uma ideia muito boa se apegar à jangada dessa forma. E o Buda prosseguia: "E se ele deitasse graciosamente a jangada ao chão, considerando que havia servido bem a seu propósito, mas que não era mais útil e que, portanto, podia ser deixada na margem?" Os monges responderam que essa era a atitude adequada. O Buda concluiu dizendo: "Também é assim com meus ensinamentos, que são como uma jangada para cruzar um rio, e não algo a que se agarrar."

A meditação é como uma jangada. Ela nos ajuda a navegar o rio da mente e a conhecê-lo, mas assim que nos familiarizamos com o processo, não precisamos nos agarrar a ele. Podemos flutuar e explorar a mente, evitando nos afogar nos pensamentos – mas não precisamos carregar todas as contemplações conosco, podemos deixá-las na margem.

O Buda também falou sobre não dificultar e não atrasar a travessia do rio. Se, realmente, quisermos mais paz em nossa mente, não devemos postergar essa intenção. Sigamos com a correnteza para chegar logo na outra margem. Permitamos que nossa mente se mostre de forma completa; podemos ficar envergonhados com alguns pensamentos e emoções que surgirem, mas depois de um tempo, veremos que, à medida que começarmos a deixar o ego para trás, não haverá mais espaço para vergonha, julgamento ou intolerância – não será mais preciso nos prendermos aos pensamentos dolorosos ou inquietos, e poderemos simplesmente assisti-los flutuando para longe.

Hoje em dia a palavra "meditação" já não é tão estranha. E cada vez mais pessoas falam também em *mindfulness* (presença mental), o que ajuda muito a desmistificar o que é a meditação. A meditação pode ser praticada sentado em posição de pernas cruzadas, com foco na respiração, permitindo que a mente se acalme (ver pág. 76). Mas a meditação pode ser vista num sentido mais amplo, relacionada à presença mental cotidiana, que significa colocarmos as ideias da meditação no presente, no aqui e agora. Não significa esvaziar a mente, que é a meditação mais difícil, mesmo para praticantes mais experientes. É, pelo contrário, desenvolver uma consciência da mente de forma a sermos mais atentos ao momento. Diz respeito a reconhecermos que emoções estão surgindo, desenvolvermos a capacidade de observá-las e não ficarmos subjugados ou tomados por elas: saber que a raiva vem, mas que também passa, e que podemos decidir se vamos nos agarrar a ela, ou se, pelo contrário, vamos observá-la, deixá-la se revolver na mente e permitir que se dissipe.

A meditação não é algo que fazemos para nos tornarmos pessoas "melhores", mas para nos ajudar a melhorar a pessoa que já somos, por dentro e por fora. Através da prática, aos poucos, ficamos mais confortáveis em nossa própria presença e já não corremos tanto em círculos dentro da mente, ou mesmo tentamos fugir de nós mesmos. A partir daí, começamos a perceber as pequenas pausas que ocorrem naturalmente; aqueles momentos em que a mente está parada, descansando nos momentos entre a conversação e a tagarelice costumeiras. É aí que nossa natureza se revela. Portanto, à medida que ficamos mais cientes disso, percebemos quando esses momentos ocorrem durante o dia – momentos de relaxamento e contentamento totais, de foco ou fluxo totais, de amor ou compaixão totais. Nesses momentos nossa mente fica clara como um cristal, enquanto a perturbação usual se desfaz.

Mas a prática de meditação não é só calmaria. À medida que ficamos mais cientes de emoções positivas como a compaixão e o amor, observamos também as emoções negativas, entre elas a raiva e a inveja. Aprendemos a observar as emoções, em vez de fugirmos delas ou escondê-las de nós mesmos.

Provavelmente você não é uma pessoa sem tantos confrontos, por exemplo, apenas porque não há nada que o incomode. Você não os tem porque teme as consequências do embate, preferindo passar sem problemas na estrada esburacada, seguindo como se nada estivesse acontecendo. Se não passamos algum tempo observando nossas emoções, aparentemente negativas, como irritação, desapontamento ou raiva, elas gradualmente se endurecerão e plantarão as sementes da inquietude ou da aflição. Através da meditação, os pensamentos e emoções difíceis aparecem mais frequentemente. E, com paciência, podemos encarar essas emoções com bondade, ouvi-las e explorá-las, deixando-as se dissiparem.

A meditação nos permite ver e contemplar os "três itens" de que falei antes (ver pág. 26). Ao investigar as sementes da felicidade ou da aflição, poderemos, gradualmente, plantar mais sementes de felicidade, cuidar bem delas e cultivá-las. Fazemos isso através da Meditação de Apreciação (e, como eu já disse, se você for aplicar apenas uma coisa deste livro, rogo que seja isso). Podemos também meditar na aceitação das coisas que não podemos controlar e, ao mesmo tempo, cuidar bem de nossas respostas, com gentileza. É possível, também, meditar na natureza da mudança e da incerteza ao longo da vida. Vagarosamente afrouxamos os laços mentais entre o desconhecido e o medo. Encaramos nossos medos e nos soltamos. E, assim, aliviamos nossa carga mental.

A simples meditação da respiração (ver pág. 75) é uma forma comprovada de diminuir o estresse. Portanto, se esse for nosso objetivo central, a recomendação é fazer essa meditação uma vez por dia todas as manhãs e, com isso, manteremos níveis baixos de estresse. Se quisermos nos aprofundar e trabalhar com os padrões emocionais, as meditações de contemplação (ver págs. 80-99) serão de muita ajuda por fornecerem um espelho que revela nossa mente de forma clara e tranquila; dessa forma, poderemos mudar nossa maneira de ver a vida.

*Há três princípios centrais na meditação:*

- Presença mental – aprender a estar ciente dos pensamentos e sentimentos.
- Consciência desperta contínua – perceber pensamentos e sentimentos no momento em que surgem.
- Espaço – dar espaço para os pensamentos e sentimentos e, aos poucos, diminuir a identificação desses pensamentos e sentimentos como "meus".

## Presença Mental

Algumas pessoas acham que a meditação é o oposto da serenidade. Relatam vivenciar uma enxurrada de pensamentos e emoções, uma sensação de opressão, um temor de nunca serem capazes de acalmar a mente. Preferem deixar as coisas como estão a permitir que venham à superfície. Preferem ficar ignorantes. Mas deixar de observar as emoções e os pensamentos não impede que nos afetem.

O primeiro passo ao fazermos qualquer mudança duradoura é termos consciência verdadeira do que queremos e por que precisamos mudar. E o mesmo acontece em relação à mente: quanto mais a conhecermos, mais seremos capazes de cuidar dela e transformá-la. Ter mais presença mental, ou seja, ficarmos mais cientes de nossos pensamentos e sentimentos, significa jogarmos mais luz sobre eles. Não estaremos provocando sua existência.

## Consciência vigilante contínua

A meditação da Presença Mental está baseada na observação. Não tentamos consertar ou encontrar soluções para os problemas, simplesmente os observamos com a consciência. Se temos o hábito de analisar cada conversa ou situação recente, fazer esse tipo de observação será complicado, mas incrivelmente benéfico. A chave é permitir que nossos pensamentos e emoções surjam (e se vão), mas não lhes apregoar significado – apenas deixá-los ser como são. Se nossa tendência é sempre criar uma imagem do mundo baseada na análise dos pensamentos e memórias, até mesmo para poder agir de forma mais eficiente, na hora dessa prática é melhor deixar de lado o analista e o intérprete e apenas perceber os fenômenos mentais.

## *Espaço*

Para muitas pessoas, a mente inquieta pode trazer uma sensação de abarrotamento ou aperto. Podemos ficar com a mente estreita em relação a nossa visão de mundo ou das pessoas e até de nós mesmos. Há tanto a ser feito em nossa lista mental que não sobra espaço para criatividade ou espontaneidade. Aqueles que pensam demais podem se apegar a infindáveis pensamentos, na crença de que eles serão úteis, enquanto outros constantemente definem e rotulam a si mesmos através de seus pensamentos e sentimentos. Se pudermos desprender nosso "eu" do embaralhamento de nossas mentes, pouco a pouco, abriremos espaço para lembrarmos o que é a vida realmente.

## *Quando é que se está realmente presente?*

Ao nascermos, vivemos constantemente no presente, mas, com o passar do tempo, isso acontece apenas em momentos mais extremos de dor ou alegria. Porém essa situação muda à medida que a vida se desenrola, as responsabilidades ficam maiores e as preocupações se multiplicam. Hoje, na maioria dos casos, nossa mente só vive o aqui e o agora quando estamos apreciando muito o momento presente, quando nos sentimos descansados ou relaxados, ou quando estamos sob fortes emoções negativas, tais como a raiva, a tristeza ou a insatisfação.

A meditação e a presença mental nos lembram que, de fato, tudo o que temos é o momento presente. Elas treinam a mente, impedindo que fiquemos divagando entre o passado e o futuro, dando chance para que espaços se abram. E, nesse espaço, encontramos coragem de nos perguntar "por que não?" em vez de "mas e se?".

*Quando você sentar, sente.*
*Quando você caminhar, caminhe.*
*Não se segure em nada.*
*Não imponha resistência a nada.*
*Quando ainda não se chorou profundamente,*
*ainda não se começou a meditar.*

AjahnChah

Uma percepção comum é a de que a meditação ou a presença mental foram projetadas para transformar cada pensamento ou emoção negativos em algo positivo, o que é desanimador. Acreditamos que os pensamentos e as reações, e, portanto, nossa felicidade, estão sempre sob controle, mas, para compreender a natureza da felicidade, precisamos entender também o sofrimento. Dificilmente alguém consegue desenvolver compaixão genuína se não compreender o sofrimento e não quiser acabar com ele a qualquer custo. A vida é feita de altos e baixos e, para apreciá-la verdadeiramente, temos que encará-la em sua totalidade. Portanto, à proporção que desenvolvemos presença mental, consciência vigilante contínua e espaço, nos desapegamos dos altos e baixos, percebendo que seguem em nossa vida, mas que ambos surgem e desaparecem.

### *Tipos de meditação*

Há três tipos principais de meditação que nos ajudam a nos centrar em corpo e mente de forma equilibrada, para libertar a mente da distração constante e contemplar o que somos e para onde estamos indo:

- Concentração
- Contemplação
- Equilíbrio na tranquilidade

Se quisermos praticar a meditação para lidar melhor com o estresse, a Concentração é a mais indicada. No exercício de Respiração Diária *concentramos* nossa consciência na respiração, o que provê um bom descanso para a mente. Para muitas pessoas, a mente nunca descansa. Nunca permitem que se desligue da esperança e do medo – das esperanças e das expectativas e do medo dos desapontamentos.

Na meditação de *Contemplação*, usamos o foco criado pela meditação de Concentração como uma câmera para observarmos nossas mentes. Investigamos mais profundamente e observamos nossa vida, nossos pensamentos e comportamentos, tendo em vista o autoconhecimento e nos lembrando de apreciar o momento presente. Também ficamos mais tranquilos com o conhecimento de que nada na vida é fixo, de que tudo pode mudar, inclusive nossas emoções e nossa forma de perceber o mundo. Assim nos tornamos mais adaptáveis – mais resilientes. Não fingimos que não há sofrimento na vida, mas percebemos como nossas mentes são a fonte de nosso sofrimento e também de nossa felicidade. O objetivo dessas meditações é derrubar o muro dos conceitos que acumulamos ao longo dos anos, de modo a ficarmos menos apegados a nossas emoções e mais *flexíveis* em relação a nossa visão de mundo. Contemplamos nossos pensamentos, falas e ações, entendendo que cada um deles é uma causa que afetará nossa vida e a daqueles próximos a nós.

Na meditação do *Equilíbrio na Tranquilidade* aquietamos nossas mentes com uma concentração unifocada, em geral sobre um objeto, talvez um som, como o som do vento. Vamos além dos rótulos para observarmos a essência dos pensamentos. Por alguns minutos, desligamos o zunido constante do projetor, que é a mente, constantemente anexando sentido a tudo que vemos, ouvimos ou sentimos. Permitimos que as emoções *surjam e desapareçam* sem aceitar ou rejeitar qualquer coisa – apenas deixando-as como são durante a prática.

*Quando meditar?*

Praticar meditação pela manhã é muito bom, uma vez que a vida é uma cadeia de eventos. Com isso podemos influenciar nosso dia de forma bem interessante ao observarmos, pela manhã, como nos sentimos e qual é nossa perspectiva. Podemos começar com dez minutos todos os dias e, depois de três ou quatro meses, aumentar para vinte minutos, ou talvez até meia hora. Geralmente recomenda-se meditar por curtos períodos, com intervalos, e não continuamente.

Algumas pessoas gostam de se sentar em silêncio, meditar e contemplar. Outras preferem engajar o corpo em algum exercício consciente, como ioga ou caminhadas. Se pedirmos que algumas pessoas apenas relaxem a mente, podem acabar entediadas ou agitadas, mas pode ser que adorem cantar ou explorar suas mentes com desenhos ou imagens. Precisamos descobrir o que mais funciona para nós, embora a recomendação seja sentarmos em silêncio. Nesse mundo frenético quase não há espaço para a imobilidade. Se pudermos nos conceder alguns poucos momentos todos os dias, o mundo talvez também se beneficie com isso.

*Onde meditar?*

O ideal é praticarmos a meditação num lugar alto, bem-iluminado e onde nossa visão esteja desimpedida. Porém, se não for possível, o mais importante é ter uma sensação de luz e espaço, uma vez que isso encorajará nossa mente a se abrir. Ajuda muito se for possível ver o céu. Temos uma meditação no budismo cujo objetivo é nos misturarmos ao espaço e fazemos isso para reconhecer quão pequenos são nossos problemas. Portanto, meditar num lugar alto, ou que tenha luminosidade e espaço, também permite criarmos um sentido de perspectiva.

## Meditação de Concentração: Respiração Cotidiana

*Um só passo não faz uma trilha na terra e, da mesma forma, um único pensamento não faz um caminho na mente. Para fazer um caminho físico profundo, precisamos caminhar muitas vezes. Para fazer um caminho mental profundo, precisamos pensar vez após vez o tipo de pensamento que desejamos predominante em nossas vidas.*

Henry David Thoreau

O Exercício da Respiração Diária inclui instruções específicas para a postura, já que trabalhamos com o corpo para acalmar a mente. É similar à ioga e benéfico para a saúde. Também nos permite respirar profundamente, inspirando muito ar. Como a mente vive no corpo, faz sentido que o corpo afete a mente e vice-versa. Portanto, se o estresse e a tristeza causam reações físicas no corpo, a calma e os pensamentos de contentamento também podem mudar nosso corpo (ver pág. 136 "Alimentando a mente" e pág. 138 "Exercitando a mente"). Relaxe de verdade em sua meditação e não se preocupe muito em fazê-la corretamente. Respire suavemente e seja muito gentil consigo mesmo e com seus pensamentos enquanto medita.

Quando começamos a meditação da respiração é como desligarmos uma tela de TV ligada incessantemente em nossas mentes. Para a maioria de nós, será a primeira vez que a mente descansará. Nossos corpos, algumas vezes, saem de férias, mas nossas mentes seguem em movimento contínuo, até mesmo se preocupando com as próprias férias: como será o clima? Será que o hotel vai ser bom? E se precisarmos reclamar? Iremos nos divertir? O que estará me esperando no trabalho quando eu voltar?

A meditação da respiração é nossa chance de oferecer descanso verdadeiro para nossa mente. Soa simples, mas pode ter um grande impacto em nossa vida e na maneira como lidamos com as situações cotidianas.

À medida que começamos essa meditação da respiração, trazemos nossa mente para casa, que é o momento presente. É também muito importante compreender a inter-relação entre o corpo físico e a mente imaterial. A mente, nesse momento, está contida dentro do corpo e, portanto, é natural que o corpo tenha forte influência sobre ela. Mas também precisamos lembrar que a mente também tem uma forte influência sobre o corpo.

Por exemplo, quando a raiva surge, ela afeta nosso corpo, causando um aumento no fluxo sanguíneo e na temperatura do corpo (o sangue "ferve"), podemos sentir nosso rosto ficando vermelho. Da mesma forma, quando estamos calmos, nosso batimento cardíaco fica pausado e a respiração permanece regular; portanto, nosso corpo reflete o estado de nossa mente. Assim, o relacionamento entre o corpo e a mente é interdependente; e como nascemos humanos nessa vida, temos a oportunidade preciosa de compreender e praticar a moldagem e o desenvolvimento de nossa mente e explorar seu potencial intrínseco.

Na Meditação Diária da Respiração, usamos a respiração para que nossos corpos ajudem nossas mentes e vice-versa, configurando um ciclo de calma e relaxamento focado. Há alguns fatores a serem considerados ao escolhermos onde e quando fazer essa prática.

Em primeiro lugar, precisamos conseguir um espaço aberto, se possível, acima do solo, elevado, um pouco íngreme, por exemplo. Lugares como esses ajudam a abrir a mente. Outro fator importante é a postura corporal. Na ioga é ensinado que quando a postura do corpo é correta, o sistema nervoso se alinha, permitindo que a respiração flua mais facilmente, tendo como resultado tranquilidade e clareza mental.

*Com relação à postura, há sete elementos a serem considerados:*

1. De pernas cruzadas, com a perna esquerda para dentro.
2. A espinha ereta, como uma pilha de moedas.
3. Ombros endireitados, como as asas de uma águia.
4. Pescoço ligeiramente inclinado.
5. Olhos abertos, focados e dirigidos para baixo, cerca de um metro à frente.
6. A boca entreaberta, com a ponta da língua tocando o palato duro no céu da boca.
7. Mãos no colo, com a palma direita sobre a esquerda, com os polegares se tocando gentilmente.

Na meditação da respiração, mantenha a postura ereta e siga a sequência abaixo descrita:

1. Feche gentilmente a narina direita com um dedo, e faça uma inspiração longa e profunda pela narina esquerda.
2. No fim da inspiração, prenda a respiração por alguns segundos.
3. Feche a narina esquerda, abra a direita e expire por ela.
4. Depois inspire pela narina direita, mantendo a esquerda fechada. Prenda a respiração no fim da inspiração e, então, expire pela narina esquerda.
5. Em seguida, inspire gentilmente pelas duas narinas ao mesmo tempo. Expire com alguma força, para expelir o máximo de ar.

## Meditação da respiração com meditação de concentração

Enquanto inspiramos, visualizamos que toda a positividade do mundo entra na forma de um vento branco. E, ao expirarmos, visualizamos que todas as negatividades dentro de nós – tais como a raiva, a inveja ou a tristeza – saem na forma de fumaça preta.

1. Comece com uma expiração longa usando ambas as narinas – visualize toda a raiva, ódio, carma negativo, desapontamento e estresse saindo na forma de fumaça preta.
2. Feche a narina esquerda com seu dedo, inspire profundamente pela narina direita e segure o ar na altura do estômago por dois segundos – visualize toda a positividade entrando em seu corpo na forma de luz branca.
3. Feche a narina direita e expire todas as negatividades pela narina esquerda na forma de fumaça preta.
4. Inspire mais uma vez todos os pensamentos positivos pela narina esquerda na forma de luz branca.
5. Feche sua narina esquerda e expire todos os pensamentos negativos pela narina direita, na forma de fumaça preta.
6. Inspire profundamente todos os pensamentos bons e positivos com ambas as narinas, na forma de luz branca.
7. Expire com um pouco de força todos os pensamentos negativos e maus por ambas as narinas, na forma de fumaça preta.

Esse é o conjunto de instruções de uma execução do exercício. Quando somos iniciantes, é melhor completar o exercício três vezes e, com a prática, fazer mais vezes.

A meditação da respiração não só acalma, mas também energiza. Com a prática, ela fica mais fácil e a vantagem dessa meditação simples e poderosa é podermos fazê-la em qualquer lugar. Sentarmos na postura descrita é o mais adequado, mas não é essencial para a obtenção de benefícios. Por isso podemos praticar no escritório, ou numa situação estressante em que sintamos raiva, tristeza ou insegurança. Essa prática permite trazermos a mente para casa.

Algumas vezes estamos no momento presente em corpo, enquanto nossa mente vaga pelo mundo todo. Essa prática permite trazer a mente de volta para o presente.

Esse exercício também ajuda as pessoas com problemas de sono. Muitas delas se reviram na cama a noite toda, com as mentes em movimento constante – é como se tivessem pedalado tanto numa bicicleta durante o dia que, quando param, a mente segue pedalando.

Quando fazemos a meditação da respiração, não consideramos pensamentos negativos, não nos detemos em nenhuma raiva ou desapontamento particular. Também não pensamos em coisas bonitas. Estamos simplesmente colocando a mente no presente, sem desejo ou expectativa. O verdadeiro poder de nos autodestruir vem da mente e de suas memórias. Um incidente vivenciado há muito tempo continua a existir na mente e é nossa incapacidade de nos desprender dele que segue nos machucando. Assim, enquanto nos concentramos na respiração, nossos pensamentos se dissipam e nos deixam em paz. A princípio isso pode ocorrer por só alguns minutos, mas, à medida que praticamos, todos os dias, o sentimento de calma se desenvolve e dura cada vez mais.

*Você tem paciência para esperar*
*que o lodo sedimente e a água fique limpa?*
*Você é capaz de ficar imóvel*
*até a ação correta surgir por si mesma?*

Lao-tsé, Tao-te-Ching

Pense em como a água fica turva numa poça cheia de lodo. A única forma de ver o fundo é esperar a água se assentar, o lodo se sedimentar. Da mesma forma, antes de conseguirmos compreender nossas próprias mentes, ou aplicar a presença mental em nosso dia, precisamos deixar a mente se assentar.

Em resposta a uma observação de que algumas pessoas não meditam porque são ocupadas demais, o Dalai Lama contou a seguinte história:

> Um monge sempre prometia a seu aluno que o levaria a um piquenique, mas sempre estava ocupado demais. Um dia ele vê uma procissão carregando um cadáver.
> "Para onde ele está indo?", pergunta o monge ao aluno.
> "Para um piquenique."

Muitas vezes prometemos fazer algo – ficar em forma, por exemplo –, mas constantemente postergamos a ida à academia. Com a mente acontece o mesmo – ela não vai ficar em forma sozinha – precisamos praticar e treinar. Não postergue, vá em frente e comece hoje mesmo.

## Meditações de Contemplação

Será que estamos dormindo em cima do tesouro oculto, que é nossa natureza interior, sem nem mesmo a reconhecer? Talvez tenhamos a sensação de que está ali, mas a vida segue se interpondo e não a encontramos? Parece desperdício passar tempo com a própria mente quando há tantas outras coisas com que interagir, mas, mesmo assim, consideremos a preciosidade da nossa mente. Pensemos como somos mais efetivos quando estamos em harmonia com a mente, quando ela não está correndo, quando está calma e focada, curiosa sobre o que o dia vai trazer, sem ansiedade.

Ao nos encontrarmos com nós mesmos, contemplamos o tipo de pessoa que somos e como foi nosso percurso até aqui. Deixamos a complacência de lado, observamos como o ego tem se intrometido em nossa vida e ouvimos com cuidado, detectando a voz baixinha de nossa natureza interior. Estamos acostumados a fazer exames médicos regularmente, mas deixamos nossa mente sem exame por um tempo indefinido. Não é de se surpreender que ela tenha uma tendência a sair dos trilhos e ficar caótica.

Também estamos muito acostumados a olhar para fora e ficar reparando os outros. A fofoca muitas vezes não é prejudicial, mas quanto tempo perdemos falando dos outros em vez de percebermos o que acontece dentro de nós? E mesmo quando consideramos a nós mesmos, muitas vezes o fazemos através dos olhos e interpretações de outros: medimos nossos sucessos ou fracassos no trabalho pelos elogios que recebemos do chefe; tentamos descobrir se *somos* uma pessoa interessante ou atraente de acordo com nossa popularidade; esperamos que os outros nos vejam como generosos, engraçados e bondosos para, só então, reconhecermos esses aspectos presentes em nós. Dessa forma, estamos nos comparando em termos do ego, em vez de levarmos em conta nossa natureza interior. Constantemente nos comparamos com os outros para definirmos nossa identidade e verificarmos se somos ou não bem-sucedidos.

Uma forma excelente de descascarmos as camadas da mente e começarmos a, realmente, examinar a nós mesmos é pela meditação de contemplação.

A meditação da respiração é excelente para a boa forma física ou para acalmar o estresse e as emoções. Mas com essas meditações contemplativas ou "analíticas", nos aprofundamos em nossas mentes e em nosso senso de identidade.

A ausência de um inimigo não significa paz – porém, quando alguém nos machuca ou nos prejudica, ficamos chateados, emocionalmente machucados; mas se ficarmos perturbados e mantivermos aquele ódio e ressentimento uma vida inteira, mesmo quando a pessoa não está mais presente, nós é que ficamos negativamente afetados. Se analisarmos e observarmos cuidadosamente nossas emoções, aprenderemos a perdoar e a remover a raiva, nos acalmaremos e encontraremos a paz. É dessa forma que a meditação de contemplação nos ajuda.

Na maior parte do tempo usamos os sentidos e a mente para olhar o mundo exterior. Dessa maneira, assumimos que a felicidade e o sofrimento, o contentamento ou o desapontamento vêm de fontes externas.

Mais do que isso, mantemos ideias a respeito de nós mesmos que, muitas vezes, são baseadas nos rótulos que os outros estabeleceram, ou caímos em hábitos e padrões emocionais que se entranharam tanto que agora afetam nosso humor cotidiano e até mesmo nossa personalidade. Um professor no Butão explicou como isso é fácil de acontecer: digamos que você seja uma pessoa muito organizada e que seu companheiro deixa os sapatos em qualquer lugar da casa. Todo dia você arruma os sapatos, mas começa a se irritar com isso, já que é algo que ele mesmo deveria fazer. É uma coisa minúscula, mas, se você não faz nada para acalmar seus sentimentos, fica cada vez mais irritada, dia após dia, e a raiva se torna um padrão ou hábito. Você pode até sentir a raiva transbordando para outros acontecimentos do seu cotidiano ou de seu relacionamento; pode se sentir irritada com seu parceiro, durante o café da manhã, e começar a perceber outras coisas que a incomodam no comportamento dele. Dessa forma, sua raiva começa a colorir seu temperamento ao longo do dia – deixando-a mais agitada ou chateada. E, se você não cuidar disso, o humor pode, num determinado ponto, mudar toda sua personalidade. Você se percebe uma pessoa mais brava, o que afeta sua felicidade e seu senso de bem-estar. E se continuar a olhar para fora, o ciclo vicioso continuará, já que você achará só ser possível encontrar a calma se o parceiro mudar de hábitos – o que não se consegue controlar.

A boa notícia é que, através desses exercícios contemplativos, podemos perceber quando padrões desse tipo se desenvolvem e nos perguntar qual é a fonte real do sofrimento. É possível encarar os fatos de outro modo? Talvez reconhecer que arrumar os sapatos, para seguir com o exemplo, a faz se sentir melhor e, portanto, não há problema em você mesma fazer isso. E, talvez, à medida que seu parceiro veja quão feliz você fica quando as coisas estão arrumadas, ele possa fazer um pouco mais de esforço.

A contemplação rompe as barreiras que construímos em nossa mente entre o ego exterior e a natureza interior, e entre nós mesmos e os outros. Quando investigamos nosso pensamento e nos perguntarmos de onde vem a negatividade, muitas vezes conseguimos remover os padrões de pensamentos negativos e ver as coisas de forma diferente. Mais facilmente nos soltamos de nossas atitudes fixas. Lembramo-nos de ver a vida sob uma perspectiva mais ampla, em vez de ficarmos aprisionados por pequenas perturbações. Relaxamos mais.

Começamos com a apreciação e, depois, contemplamos a natureza da impermanência ou da mudança, considerando o que fizemos até agora nessa vida – que tipo de pessoa nos tornamos, as pessoas presentes em nossas vidas, como gostaríamos de ser tratados por elas, e como gostaríamos de tratar os outros. Contemplamos nossa própria compaixão, sem julgamento ou qualquer culpa. Isso porque saber se temos compaixão é a forma mais difícil, e também a mais fácil, de nos examinarmos. Permitimos que o sofrimento e a dor dos outros realmente toquem nosso coração ou, algumas vezes, ficamos envergonhados e voltamos a olhar para o que não nos incomoda? E à medida que abrimos espaço para a compaixão, ficamos menos preocupados e menos inquietos, percebendo, também, uma maneira mais fácil de levarmos nossa vida.

*Fui para o mato porque queria viver deliberadamente, encarando apenas os fatos essenciais da vida. Queria ver se aprendia o que ela tem a ensinar para não acabar, na hora da morte, descobrindo que não havia vivido.*

Henry David Thoreau

Essas palavras de Thoreau são tocantes porque uma das coisas essenciais que buscamos na vida é a felicidade. Portanto, devemos colocar muito esforço e tempo naquilo que consideramos essencial para alcançá-la. Mas, muitas vezes, esquecemos de que o ingrediente principal da felicidade somos nós mesmos. A maioria das coisas que achamos importantes e que tomamos como fontes da nossa felicidade (ou, pelo contrário, cuja ausência seria causa de nosso sofrimento) não são, na verdade, sua fonte. A fonte da felicidade é nossa mente – ou a maneira como percebemos, compreendemos e projetamos os acontecimentos. Por isso nosso autodesenvolvimento (ou, em outras palavras, o desenvolvimento da sabedoria interior e da compaixão) é essencial para uma vida feliz e uma mente serena.

Sabedoria e compaixão são como as asas de um pássaro, essenciais para ele voar, assim como para cada um dos aspectos de nossa vida. A sabedoria é a compreensão do mundo sob um ponto de vista mais vasto, filosófico, enquanto a compaixão é o ato de se importar com os outros, colocando sabedoria em nossos pensamentos, palavras e ações. Assim, à medida que praticamos a Meditação da Apreciação (pág. 85), desenvolvemos apreciação e sentimentos positivos por nós mesmos, por aqueles que amamos, e por todas as coisas boas em nossa vida, permitindo que nossa compaixão cresça. Ao contemplarmos a mudança, nos lembramos de que nada na vida é permanente e que, do início e ao fim da vida, nossas mãos estão vazias. Não há nada que não esteja sujeito a mudança constante, sejam sentimentos, beleza, amizade, riqueza, vida ou poder. A compaixão nos eleva, mas é a sabedoria que nos permite entender a natureza das coisas, logo, não nos apeguemos ou nos fixemos a elas de uma forma extrema.

Ao desenvolvermos nossa felicidade com as ferramentas contidas neste livro e na vida, seremos capazes de trazer felicidade aos outros. À proporção que começamos a compreender a nós mesmos, compreenderemos melhor os outros; ficaremos mais pacientes e tolerantes. Se abrirmos nossos corações nesses momentos de contemplação, com a prática diária, ficaremos mais hábeis para soltar a dor que julgamos ser causada pelos outros, mas que, na verdade, está em nossa mente. E, à medida que nos soltamos, nosso "eu" ou "ego" ficará cada vez menor, abrindo mais espaço para os outros em nossos corações. Pode-se dizer que nos reconhecemos como pessoas especiais e, ao mesmo tempo, como nada especiais. Quanto mais nos entendermos, maior será nossa capacidade de entender os outros e, assim, nossa compaixão só crescerá. E tudo isso é benéfico para desenvolvermos uma mente serena. Portanto, antes de começar esses exercícios, é necessário firmar certos compromissos:

- Que eu possa desenvolver felicidade em mim e que possa oferecê-la aos outros.
- Que eu diga, faça e pense coisas boas.

Mente, fala e corpo – ou seja, pensamentos, palavras e ações – são tidos como três portas, porque é através delas que podemos entrar em lugares maravilhosos ou negativos. Assim, firmamos um compromisso para que a felicidade se desenvolva para nós mesmos e para os outros em mente, fala e corpo.

## Meditação de Apreciação

*A apreciação é uma coisa maravilhosa: faz o que é excelente nos outros também pertencer a nós mesmos.*

### Voltaire

A princípio, é interessante fazermos uma combinação simples de duas meditações. Trata-se da Meditação da Apreciação e da Meditação da Contemplação da Mudança, que funcionam muito bem juntas e tomam apenas alguns minutos de nosso dia.

É importante entendermos a importância da apreciação; há muitos provérbios que a esclareçam. Com a prática diária, o objetivo é fazer da apreciação uma parte da nossa vida.

*A gratidão é também extremamente saudável. Alivia a depressão, nos deixa mais felizes, melhora a qualidade de nossos relacionamentos, é um bom tratamento para a insônia e nos ajuda a viver mais tempo. Estas são apenas algumas das conclusões de um crescente corpo de estudos...*

*David R. Hamilton, Por que a bondade é boa para você*

Se examinarmos nossa mente, verificaremos que, geralmente, ela nunca está no presente. Ficamos pensando sobre algo que aconteceu no passado ou especulando sobre o futuro. Mas a vida não começa amanhã, está acontecendo agora mesmo.

Assim, neste exercício, fechamos nossos olhos e trazemos nossos pensamentos ao presente, refletindo sobre as coisas positivas que temos em nossa vida nesse exato momento. Começamos com nosso próprio corpo e, aos poucos, expandimos o círculo para incluir nossa família ou amigos, nosso trabalho, nossa comunidade e o mundo. Muitas vezes temos muito mais do que pensamos, mas se não estivermos cientes do que já possuímos, ficaremos insatisfeitos, levando nossa atenção para o que ainda nos falta.

Começando pela boa saúde física, o mero fato de sermos capazes de ver e ouvir deveria ser apreciado (se é que temos boa visão e audição). Em seguida, estendemos a apreciação por termos família e amigos, por termos pessoas que nos amam incondicionalmente e que se esforçam para prover nosso conforto. E então expandimos a apreciação na direção do mundo: já que o mundo existe, existem pessoas boas que beneficiam os outros.

Precisamos fazer essa meditação num espaço de quietude, no início ou no fim do dia. É bom vestirmos roupas confortáveis para que esse conforto se reflita em nossa mente. Devemos sentar numa cadeira ou em qualquer lugar que possibilite nos sentirmos alerta e à vontade; não importa onde estejamos no mundo e, também, não há necessidade de nos apegarmos a um local determinado.

Passe alguns minutos com foco na respiração. Respire gentilmente até a parte inferior do abdômen. Perceba a respiração, os movimentos da barriga subindo e descendo. Encontre um ritmo natural que se adeque a seu corpo. Contemplamos e apreciamos sem fixação, sem alimentar o apego.

- Aprecie seu próprio corpo e qualquer nível de saúde que possua.
- Aprecie as pessoas maravilhosas em sua vida, que são bondosas com você, o ajudam e o apoiam.
- Aprecie o que você faz, sua carreira, seu estilo de vida, sua comunidade etc.

Desenvolva um senso de contentamento pois a felicidade nada mais é que a satisfação que vem da apreciação. Faça isso detalhadamente. Aprecie de forma simples e sem expectativas ou condições; apenas o que quer que surja em sua mente, sem restrições.

Começar ou terminar o dia com a apreciação é muito eficaz, tendo um efeito animador e tranquilizador, depois de um dia difícil. Isso não significa deixarmos nossos problemas de lado, mas filtrarmos o que é bom em nossa vida, ou olharmos para uma situação sob um ângulo diferente – transformar os desafios em oportunidades. A prática nos faz lembrar das pessoas maravilhosas em nossas vidas, de como podemos usar nossas próprias habilidades ou, simplesmente, encarar os fatos de uma forma diferente para conseguirmos benefícios para o momento presente.

Praticamos apreciação tendo em vista o que já conseguimos, porque se não nos conscientizarmos de nossas realizações, damos espaço para que a insatisfação se infiltre, levando-nos, portanto, à infelicidade. Todas as manhãs eu mesmo procuro apreciar todas as pessoas belas que tenho em minha vida, imaginando como me sentiria se elas morressem amanhã. Isso pode soar mórbido, mas me faz apreciá-las muito mais no dia de hoje. Algumas vezes, fecho meus olhos e finjo que sou cego – só para sentir como seria minha vida e quantas coisas belas eu não veria. Se eu não tivesse pernas, audição ou visão, minha vida seria muito diferente. Procuro apreciar as coisas que tenho. Isso não quer dizer que essa prática elimina todo meu sofrimento, mas na maior parte do tempo me ajuda muito.

Aqui está uma história contada pelo monge chinês, Venerável Mestre Hsing Yun, com base nas escrituras:

Dia Chuvoso, Dia Ensolarado

Certa vez havia uma velha senhora que chorava o tempo todo. Sua filha mais velha era casada com um vendedor de guarda-chuvas, e sua filha mais jovem, com um vendedor de macarrão. Nos dias ensolarados, ela se preocupava assim: "Ah não! O tempo está tão bonito e ensolarado. Ninguém vai comprar guarda-chuvas. O que vai acontecer se a loja fechar?" Essas preocupações deixavam-na triste. Ela não conseguia parar de chorar. E quando chovia, ela chorava pela filha mais jovem. Ela pensava: "Ah não! Minha filha é casada com um vendedor de macarrão. Não é possível secar o macarrão sem sol. Não vai haver macarrão para vender. O que vamos fazer?" Fizesse sol ou fizesse chuva, a senhora lamentava por uma das filhas e, como resultado, sofria todos os dias. Os vizinhos não a consolavam, apenas a chamavam de "velha chorosa".

Um dia ela conheceu um monge. Ele ficou muito curioso para saber por que ela estava sempre chorando. Ela lhe explicou o problema. O monge sorriu gentilmente e disse: "Senhora! Não precisa se preocupar. Eu vou lhe mostrar um caminho para a felicidade, a senhora não precisará mais se lamentar."

A senhora chorosa ficou muito animada. Imediatamente pediu ao monge que lhe mostrasse o que fazer. O mestre respondeu: "É muito simples, basta mudar de perspectiva. Nos dias ensolarados, não pense na filha mais velha não conseguindo vender guarda-chuvas, mas na filha mais jovem conseguindo secar o macarrão. Com um sol tão forte, ela vai conseguir fazer muito macarrão e seu negócio vai prosperar. Quando chover, pense na loja de guarda-chuvas da filha mais velha. Com a chuva, todo mundo certamente vai comprar guarda-chuvas. Ela venderá muitos guarda-chuvas e, assim, a loja vai prosperar."

A senhora viu a luz no fim do túnel. Ela seguiu as instruções do monge. Depois de um tempo ela não chorava mais, pelo contrário, sorria todos os dias. Daí em diante ela ficou conhecida como "senhora sorridente".

## Meditação da Contemplação da Mudança

*Não é o mais forte que sobrevive, nem o mais inteligente, mas o que melhor se adapta à mudança.*

Charles Darwin

O segundo passo da meditação analítica é compreender a natureza da mudança e seus diferentes tipos – pequeno, grande e contínuo. A maioria de nós percebe as mudanças grandes, como o fim de um relacionamento, a perda de um emprego ou o envelhecimento. Mas há mudanças pequenas ocorrendo a cada segundo que, por sua vez, levam a essas mudanças grandes. São tão pequenas e rápidas que não as percebemos; todos os dias nossos corpos mudam e, em certo momento, acordamos e parecemos velhos. Olhamos para um casal que está junto por cinquenta anos e pensamos como é maravilhoso que ainda sejam os mesmos; mas um relacionamento longo passa por mudanças contínuas ao longo dos anos, passa por tempos bons e difíceis, por altos e baixos naturais. Todo relacionamento se baseia nas emoções de duas pessoas e, assim, nunca é perfeitamente estável.

Pense sobre como o mundo muda a cada segundo. Um bom lugar para começar é observando as estações – as mudanças na natureza entre primavera, verão, outono e inverno; a mudança na cor das folhas, na temperatura, o que cresce no solo. E da mesma forma que a cada dia há mudanças na estação, o mundo muda, nossos relacionamentos mudam e mesmo nosso corpo passa constantemente por mudanças diminutas.

Usamos as seguintes palavras para que nossas mentes fiquem atentas à natureza da mudança. Podemos recitá-las em voz alta ou lê-las silenciosamente, enquanto pensamos em seu sentido:

- Tudo que nasce necessariamente morre.
- Tudo que for acumulado um dia será consumido.
- Toda reunião se dispersará.
- Toda construção um dia cairá.
- Os amigos podem mudar.
- Os inimigos podem mudar.
- A felicidade vai mudar.
- O sofrimento vai mudar.
- Os conceitos vão mudar.
- As emoções vão mudar.
- O que quer que tenha acontecido ontem hoje é um sonho.
- O que quer que vivenciemos hoje amanhã será um sonho.

É de grande ajuda nessa prática contemplarmos um rio desaguando no mar. Compreendemos que é sempre um rio e, ainda assim, a cada momento muda – nunca é exatamente o mesmo. Também o nascer e o pôr do sol são úteis para esse exercício, já que um nunca é igual ao outro e nos fazem lembrar da natureza passageira do tempo. E essa é a verdade da vida – que não há nada que possamos controlar de modo permanente: não conseguimos fazer com que as pessoas sejam exatamente como queremos, o tempo todo; não somos sequer capazes de organizar nossas vidas para que sejam exatamente como gostaríamos que fosse, tampouco podemos fazer isso com nossas mentes. As coisas mudam e é por isso que a vida é tão preciosa.

Um de meus escritores favoritos escreveu sobre esse assunto com grande beleza:

> *Novembro passado tivemos um pôr do sol marcante. Eu estava caminhando na relva, próximo a uma pequena nascente, quando o sol enfim, logo antes do pôr do sol,*

*depois de um dia cinza e frio, alcançou um trecho limpo de céu no horizonte, e a mais suave luz e brilhante de fim de tarde pousou sobre a grama seca e sobre os galhos das árvores ... uma luz tal que um momento antes não a podíamos conceber, e o ar ficou tão terno e sereno que, para na relva reconhecer paraíso, nada faltava.'*

*Henry David Thoreau, Caminhando*

Nessa parte da meditação nos lembramos de que o que vemos como constante em nossas vidas ou dentro de nós mesmos é só uma projeção de nossas mentes. Pensemos num relacionamento duradouro: podemos percebê-lo como constante e sólido, mas a cada dia ele cresce e muda, enquanto as emoções de dois indivíduos se unem vez após vez.

Quando nos conscientizamos de que a mudança é constante, a aceitamos melhor, ficamos mais flexíveis e adaptáveis. Desenvolvemos nossa mente para ela ser aberta às oportunidades, mais ágil e mais receptiva. Podemos também usar essa prática para compreender que, se estamos passando por tempos difíceis, eles não serão permanentes, e, assim, nossas reações habituais podem ser mais facilmente superadas. Quando alguém nos deixa com muita raiva, não precisamos, necessariamente, nos agarrar a ela, podemos nos soltar no fluxo do rio e mudarmos de atitude. Ou quando cometemos um erro no trabalho, poderemos ficar presos na culpa e na vergonha ou, simplesmente, ficarmos felizes por termos esse conhecimento e, de agora em diante, tentarmos fazer o melhor possível.

Esta meditação é muito importante quando praticada em conjunto com a meditação da apreciação, uma vez que, à medida que descobrimos nossa felicidade através da apreciação, é com a compreensão da mudança contínua que nos *preparamos* para os altos e baixos da vida – não importa o quanto tentemos nos segurar às coisas, elas sempre mudam. Da mesma forma, se *apenas* pensarmos sobre a mudança, sem a apreciação, começamos a nos sentir deprimidos – se tudo muda, por que seguirmos nos esforçando? Apenas vamos nos desapontar. Mas se combinamos as duas meditações, elas criam um bom equilíbrio: apreciamos e desfrutamos o que temos agora e, ao mesmo tempo, compreendemos que nada na vida é permanente.

Essa meditação é muito animadora pois nos ensina a desenvolver nosso próprio sentido de felicidade a partir de nós mesmos. Sempre remove a tralha da mente e nos leva ao que é realmente importante. É uma ótima maneira de começar o dia.

> Mente inquieta: o que temos, esquecemos de valorizar, mas ficamos chateados ao perder.
>
> Mente serena: encontramos felicidade no que já temos e aceitamos que todas as coisas podem mudar.

### *Meditação de Autorreflexão*

Este livro nos ajudará a compreender nossa mente e nossa natureza interior, sem precisarmos ser críticos demais com nós mesmos. O mero ato de lê-lo mostra que queremos melhorar nossa mente e nossa vida, ser uma boa pessoa para quem está ao nosso redor e apreciar o que temos.

Na meditação feita de olhos fechados, refletimos sobre o que já fizemos em nossas vidas. É um processo que nos ajuda a compreender a situação em que nos encontramos agora e aceitar que foram nossas ações que nos trouxeram até aqui. Refletimos sobre o tipo de pessoa que nos tornamos: como nos comportávamos ou reagíamos quando éramos crianças ou adolescentes; o que fizemos no ano passado, no mês passado ou mesmo nessa manhã. Não se trata de ser uma pessoa boa ou má, já que a natureza verdadeira do ser é sempre pura, mas de podermos refletir sobre nossas ações e reações.

Para refletirmos sobre isso, é interessante pensarmos nas pessoas que fazem parte de nossas vidas e olharmos além dos rótulos tais como "mãe", "marido" ou "chefe". Observá-los, simplesmente, como seres humanos que também querem felicidade e que não querem nenhum sofrimento.

É necessário também refletir sobre como gostaríamos de ser tratados pelos outros e de que maneira os tratamos. Pensemos sobre amor, apreciação, respeito, perdão, compreensão, bondade e compaixão. E, exatamente, como no dito "é preciso duas mãos para bater palmas", compreendemos que as pessoas nos tratam com amor, bondade, compreensão, tolerância e aceitação se lhes damos o mesmo tratamento.

Trata-se de uma meditação que requer completa honestidade. Não diz respeito a encontrarmos arrependimentos ou desejarmos ser pessoas diferentes do que somos. Trata-se de nos aceitarmos como somos e, ao mesmo tempo, desenvolvermos a intenção de beneficiar os outros com nossas ações. Essa é uma combinação poderosa e serena. Quando nos sentimos desconfortáveis em nosso cotidiano, precisamos entender a causa. É muito fácil perder essas chances de parar e pensar – estamos tão chateados que não nos sobra energia para investigar. Tentemos não deixar que nossas emoções nos levem para muito longe de nossa natureza interior.

É humano ficarmos presos a uma situação negativa e reagirmos mal num determinado momento, mas, depois da reflexão, podemos perceber que, na verdade, somos boas pessoas que cometeram um erro. Ao aceitarmos esse fato, poderemos corrigir nosso erro pela ação, em vez de apenas nos envergonharmos dele, preocupados em sermos maus ou errados por natureza. Aceitamos que não podemos mudar o passado, portanto, devemos nos assegurar que determinada situação ou reação não ocorra continuamente em nossas vidas. Esse é o momento de nos analisarmos e descobrirmos nossa própria maneira de ser, em vez de esperarmos que os outros mudem. Podemos usar as situações difíceis para nos conhecer melhor e para efetuar a transformação num sentido mais positivo.

Algumas vezes olhamos os outros com arrogância. Pensamos estar sempre certos e que nosso companheiro, nosso chefe, ou qualquer pessoa que nos rodeia, estão sempre errados, deixando nossa vida mais difícil. Algumas vezes precisamos usar essa meditação para nos dobrarmos mentalmente. Da mesma forma que gostamos de ser respeitados e ouvidos, os outros também gostam. E quanto mais somos capazes de agir dessa forma – quanto mais nos engajamos na compaixão e nos colocamos no lugar dos outros – mais receberemos esse tratamento. Não há certo ou errado no que concerne a opiniões; portanto, impor as próprias ideias, em vez de respeitar e aceitar as ideias dos outros, causa infelicidade a todos. É muito importante ouvir, prestar atenção e compreender outras visões.

> *A prática diz respeito a treinar a própria mente, seu eu interior; não diz respeito a treinar os outros. É na verdade sobre o quanto você é capaz de expandir seu espaço interior, de forma que o "eu" diminui. Se você constantemente mantém essa noção de "meu" e "outros", então você não consegue evitar ver os aspectos negativos dos outros, e acaba tendo muito com que trabalhar. Você ainda não trafegou seu próprio caminho pedregoso interno o suficiente.*
>
> *Iluminação diária, por Sua Santidade Gyalwang Drukpa*

Essa citação é importantíssima já que o resultado final de qualquer prática é a de nos transformar numa pessoa melhor, mais feliz e mais compreensiva. Em resumo, a prática desenvolve a sabedoria e a compaixão. E esse desenvolvimento é impossível se o "eu" ou o "ego" não for reduzido até o ponto de termos a capacidade de olhar além de nosso próprio desejo para vermos as coisas na perspectiva do outro e, assim, respeitarmos o fato de que somos iguais em nosso desejo por felicidade e na vontade de evitarmos o sofrimento.

Outra razão pela qual essas palavras são atraentes é por esclarecerem que práticas como a meditação existem para nossa própria transformação pessoal e não para nos tornarmos autoridades perante os erros dos outros. Se o resultado final desse tipo de prática for mais direcionado ao ego e menos ligado ao desenvolvimento de nossa compaixão, não criando espaço em nosso coração para outros que tenham percepções diferentes da nossa, então qual seria a finalidade de um Retiro da Mente? Com esse tipo de apego à nossa própria percepção, como é que a mente poderia ficar serena?

### *Explorando as tendências da própria mente*

Na tradição budista, as características da personalidade são descritas em três partes:

- Ganância e Fé
- Raiva e Sabedoria
- Confusão e Equilíbrio

Essas tendências estão presentes em todos nós; portanto, não é necessário nos rotularmos como uma coisa ou outra. Todos precisamos treinar nossas mentes de forma a cultivarmos a fé, a sabedoria e o equilíbrio e nos livrarmos da ganância, da raiva e da confusão. À medida que praticamos a meditação da contemplação no "Retiro da Mente", refletimos sobre as características que mais reverberam em nós – reconhecidas como tendências. Podemos reconhecer o lado positivo ou negativo da característica, e isso é útil para nos tornamos cientes de como determinados aspectos podem ser uma fraqueza ou uma força em nossa mente.

Uma mente fixada à ganância tem apegos muito fortes com relação a coisas e pessoas. Sempre quer mais – mais prazer, mais riqueza, mais amor – e nunca está feliz com o que tem. O lado bom do apego é que compreendemos mais facilmente o conceito de apreciação – que a vida é muito preciosa e deve ser gozada a cada momento. Podemos ser ciumentos ou possessivos, mas isso também significa que temos muito amor para dar. A chave da meditação é contemplar o sentido da mudança (ver pág. 89), compreender que não há prazer definitivo ou medida de sucesso a ser alcançada já que nada na vida é permanente. Devemos estabelecer nosso foco na generosidade, que é uma grande força. Substituir o querer cada vez mais pelo oferecer.

A mente tomada pela raiva fica cautelosa e cheia de suspeitas com relação à vida, é muito crítica e julgadora. Podemos ser perfeccionistas, gostarmos da justiça e, por esse motivo, ficarmos rapidamente irritados quando o resto do mundo não se encaixa em nossos ideais. Isso pode desgastar os relacionamentos já que ninguém é perfeito, e nunca conseguiremos viver à altura de nossa expectativa de um parceiro ideal. Podemos nos prender a velhos ressentimentos ou memórias dolorosas, tornando nebuloso nosso aproveitamento do momento presente, entulhando nossa mente com pensamentos excessivos. Por outro lado, quando temos sabedoria, conseguimos ver o ponto crucial da questão, e, assim, podemos ser muito sábios e termos muito discernimento quanto às situações e pessoas. Também consideramos nossas decisões muito cuidadosamente e sabemos como buscar as influências positivas para tomá-las. Somos intuitivos; sabemos o que fazer. O mais importante é incluirmos cada vez mais bondade e amor em nossa vida, fazermos a compaixão crescer pela Meditação da Apreciação (ver pág. 85) e nos soltarmos do passado, ao invés de sempre criticarmos os outros, nos focando nas próprias ações.

A mente confusa se distrai facilmente e é influenciada por quem quer que esteja ao redor, já que para ela é tão difícil tomar decisões. Você duvida de suas próprias capacidades ou se sente inibido. Pode achar que nunca será ninguém na vida, ou não saber exatamente como agir, e deposita confiança nos outros rápida e facilmente. Sua força, no entanto, é a capacidade de seguir o fluxo da vida e ser alguém fácil de se lidar, não tendo problemas com situações que mudam repentinamente – é alguém flexível e adaptável. E como suas ideias não são fixas, você é capaz de ver facilmente a partir do ponto de vista de outras pessoas, desenvolvendo, assim, grande capacidade para empatia e compaixão, podendo se relacionar bem com qualquer um pois é menos provável que seja muito crítico. A meditação da respiração (ver pág. 75) nesse caso ajuda muito, permitindo que nossa mente se assente, volte das distrações e estabeleça a atenção em uma coisa de cada vez. Engajar-se nas técnicas de presença mental também é muito útil (ver págs. 141-208): ao comermos, apenas comer, e mesmo enquanto lavamos a louça, permanecer nas sensações de lavar, retornando à simplicidade.

*Respondendo seus próprios questionamentos*

*O melhor lugar para encontrar uma mão amiga é no fim de seu próprio braço.*

*Provérbio sueco*

Hoje em dia muitas pessoas estão se conscientizando da necessidade de seguir alguns passos para melhorarem a si mesmas e suas vidas. Estão começando a entender o quão fantásticas são nossas mentes e quanto esmero é necessário para cuidar delas – e quão estressadas e vulneráveis elas rapidamente se tornam. A indagação é: como podemos ser mais compassivos, como descobrir o propósito de nossas vidas. A busca incessante por um trabalho melhor, por uma casa maior e por uma lista de conquistas está, para muitos, desgastada porque essas conquistas não são uma resposta apropriada para atingirmos a plenitude.

É tentador procurar gurus ou especialistas atrás de "respostas". Os especialistas podem, sem dúvida, oferecer orientações ou informações muito úteis. Mas é importante também sempre buscarmos as respostas dentro de nossos próprios questionamentos. Se uma pessoa, por exemplo, me pergunta como pode seguir sua vida com menos medo, não sou capaz de prover uma solução imediata.

Nem sempre há uma resposta objetiva sobre que passos seguir. A melhor forma de explorarmos nosso medo talvez seja termos uma atitude mais amigável conosco e com nossos próprios medos, buscando nossa sabedoria interior. Somente dessa forma encontraremos as respostas corretas.

O mesmo ocorre quando as pessoas me perguntam "como posso ter menos raiva?" ou "como posso ter menos pressa?". A finalidade desse livro não é conceder soluções mágicas. As mudanças ou o crescimento verdadeiros não são tão fáceis ou instantâneos. Mas, ao conhecermos melhor nossa própria natureza interior, desenvolvermos nossa consciência do ego, praticando a arte da pausa, encontraremos respostas, ouvindo nosso coração. Apenas através da compaixão e da sabedoria tornaremos nossa vida mais preciosa, deixando nossa mente menos inquieta.

Às vezes temos lampejos dessa sabedoria. E o objetivo do Retiro da Mente é abrir e aclarar cada vez mais essas centelhas. Nesses momentos nos sentimos contentes, inspirados, generosos, criativos, relaxados, energizados e de bem com os outros e conosco. Através da prática, da consciência, da meditação e da presença mental podemos treinar esses aspectos já presentes em nós para ficarem mais fortes, de forma que possamos lidar melhor com os desafios que a vida colocar em nosso caminho. Podemos até mesmo guardar nossa força para os maiores desafios da vida ao ficarmos mais relaxados diante dos incômodos menores.

> A aceitação de nós mesmos e dos outros pode ajudar muito na pacificação da mente inquieta.

## Meditação do equilíbrio na tranquilidade: a mente como projetor

Nessa meditação veremos que a mente é como um projetor. Tudo que vemos, sentimos e pensamos é como um reflexo no espelho. Enquanto a imagem parece muito real e é cheia de detalhes, ela ganha um sentido dado por nossas mentes e não tem existência sólida. Quando ensinamos em um templo, por exemplo: para nós, sentados naquele momento, trata-se claramente de um templo – mas um dia, o mesmo prédio pode se tornar um museu ou um hotel; várias condições se reúnem, conforme o momento, para dizermos que é um templo, um hotel ou um museu.

O mesmo ocorre com nossas emoções. Podemos sair para caminhar e nos sentir felizes por algumas horas, mas de repente ficamos cansados e não queremos mais caminhar. Nesse momento, o fato de ficarmos sentados se torna nossa felicidade. Depois de sentarmos por muito tempo, nosso corpo começa a doer e, portanto, ficar em pé se torna nossa felicidade.

A essência dessa meditação é, por isso, pensar que nada é fixo – a beleza, o que é bom ou o que é ruim. Tanto nós mesmos quanto nossas emoções não são fixos. Quando acreditamos que nossas percepções são realidade, que são a verdade última, nossas mentes e crenças ficam restringidas, afetando nossas ações, à medida que tentamos vez após vez fazer as coisas do jeito que achamos que devem ser, ou então sofremos porque nem sempre se encaixam em nossa visão de mundo. Crenças fortes afetam nossos padrões de comportamento e hábitos emocionais, levando-nos a nos comparar constantemente com os outros, criando expectativas e pressões por nos comportarmos de uma maneira específica diante de nós mesmos e dos outros. Esses são os filtros mais fortes pelos quais vemos o mundo e apregoamos *sentido* a tudo.

Uma maneira fácil de exemplificar essa tendência é pensar sobre marcas de moda. Faz pouco sentido pagar milhares de reais por uma bolsa vendida numa loja chique. Mas se o marketing for bem-feito, se levarmos em conta o talento do designer ou se a aparência que podemos projetar ao usarmos a tal bolsa forem fortes o bastante – começaremos a acreditar que é melhor que todas as outras. Vamos sentir desejo pela bolsa e nos sentiremos mal se não conseguirmos comprá-la. Por outro lado, também poderemos pensar que não somos bonitos o suficiente para ostentá-la.

Nasci no Butão e ele ostenta o rótulo de ser o mais belo e feliz país no mundo. Lá cursei uma universidade e agora tenho uma casa de retiro na planície, onde se pratica agricultura, e concordo muito com esse rótulo. Mas nem todo mundo vê assim. Depende da perspectiva. Uma vez eu estava ensinando na parte ao leste do país e achei os campos muito belos. Disse aos locais: "Vocês devem ser muito felizes, vivendo num lugar tão belo", ao que eles me responderam: "O que é belo, Rinpoche? Aqui é frio, nada cresce, exceto batatas – não dá nem para plantar arroz. A vida aqui é difícil." Isso foi uma grande lição para mim. Isso me lembra das ilhas tropicais onde algumas pessoas tiram suas férias e passam luas de mel fantásticas, enquanto, é claro, muitos nativos podem ser muito pobres, até passar fome e ter uma vida muito difícil.

Isso não quer dizer que nunca devamos desejar uma bolsa de marca, ou deixar de considerar a beleza de um lugar. A chave é desenvolver uma compreensão de que nossa felicidade não depende, necessariamente, de coisas ou lugares – pode ser que sejamos muito felizes numa ilha tropical, mas também pode ser que não; é impossível determinar. Da mesma forma, podemos ter uma bolsa de marca famosa, mas não é determinante para nos trazer contentamento ou satisfação eternos.

Para ir um passo além, consideremos nossos relacionamentos, e como podem flutuar, mesmo com a pessoa que mais amamos. Às vezes, nosso companheiro pode nos fazer tantas ligações, que nos sentimos tolhidos em nossa liberdade. Mas se depois de três ou quatro meses os telefonemas cessarem, nos sentirmos solitários ou tristes, de forma que nosso conceito de espaço ou liberdade também mudam. Nem sempre queremos que as coisas aconteçam do mesmo jeito. Podemos, também, rotular nossos pais como malvados ou mesquinhos ao longo dos anos, esquecendo-nos do amor que eles nos deram quando éramos indefesos e precisávamos deles para sobreviver.

É muito comum o ser humano descrever pessoas ou coisas, interpretando suas ações ou motivações o tempo todo. Precisamos ter consciência de que essas descrições ou entendimentos não são gravados em pedra pois tudo na vida e no mundo está sujeito à mudança. As condições externas podem causar mudança, mas podemos ter coragem de desafiar nossas crenças e ficar menos apegados aos rótulos, tanto aos impostos aos outros quanto aos que impomos a nós mesmos.

Meu professor, Sua Santidade Gyalwang Drukpa, conta uma história de uma viagem para Hong Kong, quando era um jovem monge. Cada vez que ele entrava num ônibus, todos ficavam imediatamente em pé. Ele achava isso muito bonito e respeitoso, embora pensasse não ser merecedor de tanta reverência. Todos os dias acontecia a mesma coisa, até que uma vez Sua Santidade perguntou a alguém: "É muito bom as pessoas se levantarem quando eu entro no ônibus, mas como posso pedir para elas não me tratarem como se eu fosse diferente?" A pessoa respondeu que ver um monge era considerado mau presságio e que as pessoas se levantavam para fugir dele! Sua Santidade sempre gargalha alto quando conta essa história porque é um exemplo perfeito de como as pessoas veem as coisas de forma diferente.

Se você estiver numa praia bonita, faça essa meditação por alguns minutos; ou pegue uma flor e foque sua atenção em sua beleza. Perceba que seu conceito de beleza é apenas isso, uma projeção de sua mente. Compreenda que o conceito de beleza não é uma verdade universal e que o que é bonito para uma pessoa pode não ser para outra. Agora olhe para a flor sem rotulá-la como bela ou não bela, mas a veja simplesmente como uma flor. Aceite sua natureza. Deixe-a exatamente como ela é.

Isso nos ajuda a compreender como fabricamos ou rotulamos as coisas – mesmo as emoções tais como a felicidade, dor, tristeza e raiva. Quando formos bons praticantes dessa meditação, não conseguiremos repentinamente evitar as emoções, mas seremos capazes de relaxar em sua natureza, sem rejeitá-las ou aceitá-las, apenas as reconhecendo como são – uma onda que se forma num momento e retorna para o oceano, fazendo parte dele; ou uma nuvem que cruza o céu sem alterá-lo.

Dessa forma, as emoções tanto positivas quanto negativas, se corretamente compreendidas em sua natureza inerente, e não agarradas ou rejeitadas, são sabedoria. Tanto as emoções negativas quanto as positivas são sabedoria. Elas são parte de nós, mas nós não somos elas; não precisamos ser rotulados por elas ou cair em suas armadilhas.

## *Mude a frequência de sua mente*

Muitas pessoas acham que não têm tempo para olhar para si mesmas, verificar quem são, qual é a natureza de suas mentes. Podemos nos descrever com uma emoção: "sou aquele que tem raiva" ou "sou uma pessoa invejosa", acreditando que a raiva e a inveja são a natureza de nossas mentes. Mas pense por quantas mudanças nossas emoções passam num só dia. Então nunca seremos só raivosos ou invejosos; são emoções que surgem, mas *não* constituem nossa natureza. Emoções desse tipo normalmente encobrem nossa natureza interior, como uma onda que quebra na praia para, logo em seguida, ser substituída por outra. A maioria de nós não olha para o que está por baixo das fabricações, onde permanece nossa natureza interior. Isso significa que muitas vezes lidamos com extremos – bons ou maus, felizes ou tristes. Perdemos o caminho do meio.

Se alguma situação deixá-lo estagnado, tente mudar a frequência da mente. Abandone os velhos julgamentos e as velhas maneiras de pensar sobre ela e se abra a uma nova possibilidade, uma nova forma de vê-la. Solte-se de qualquer expressão verbal que o esteja prendendo, tal como "eu sempre..." ou "não consigo...". Se você quer tentar algo novo, permaneça receptivo à possibilidade de que aquilo aconteça de verdade.

## A sabedoria de suas emoções

*Seu sofrimento é o quebrar da casca que aprisiona seu entendimento.*

*Kahlil Gibran*

As emoções fazem parte de nossa vida, mas não podemos ser possuídos por elas – compreender que surgem e desaparecem como nuvens no céu ou ondulações num lago. Devemos nos sentir gratos por nossas emoções já que elas enriquecem nossas experiências, ajudando-nos a nos conectar com as pessoas e, muitas vezes, nos dão lições, ainda que algumas sejam dolorosas. Mas deveríamos saber que nossa natureza verdadeira não é definida por nossas emoções, o que não significa que devemos ignorá-las, mas, sim, que podemos ser confiantes e relaxados para permitir que surjam e, em vez de nos agarrarmos a elas, deixarmos que desapareçam.

Conta-se que o Buda estava sentado sob uma árvore na noite em que atingiria a iluminação, e, então, as forças do mal atiraram flechas contra ele para distraí-lo e impedi-lo de atingir seu objetivo. Sua mente estava tão consciente e tão aberta, que ele foi capaz de transformar as flechas em flores.

É possível dizer o mesmo de nossas próprias mentes, isto é, podemos permitir que as emoções sejam flechas que nos machucam, ou podemos transformá-las em flores. À medida que desenvolvemos nossa consciência, começamos a ser capazes de estancar a raiva, ou transformar a inveja em interesse e compaixão pelos outros.

As cinco principais emoções aflitivas são:

- Raiva
- Orgulho
- Inveja
- Apego
- Confusão

## Raiva

*Se deter na raiva é como agarrar uma brasa.*

*Buda*

A raiva destrói nosso estado mental pacífico. Quando estamos com raiva, perdemos o poder de raciocínio, chegando ao ponto de duas pessoas, ao discutirem, até esquecerem o assunto inicial que começou a discussão.

Como é impossível controlarmos os fatores externos que dão início à nossa raiva, podemos controlá-la em nossa própria mente.

Não ficamos feios só porque alguém nos chamou de feios, tampouco nos tornamos ladrões se alguém nos acusa de roubo. Então por que ficarmos tão chateados e com uma postura defensiva? Se outra pessoa dirige sua raiva contra nós, como antídoto, podemos praticar a compaixão. Ao compreendermos que a raiva impede aquela pessoa de usufruir de seu próprio estado mental, entendemos ser impossível que, naquele momento, ela seja capaz de ser razoável. Pode não ser fácil, mas se retribuirmos a agressão com raiva, também nos afastaremos de nossa própria natureza, mas temos a opção de respondermos de uma forma diferente. Quando vemos os resultados positivos ao controlarmos nossa raiva – quanta paz é obtida, como nossos relacionamentos melhoram, como mantemos a calma em situações que costumavam nos deixar irritados e quanto amor recebemos – continuaremos praticando.

Com apenas alguns minutos de meditação diária, descobriremos que um novo senso de relaxamento começará a crescer em nossa mente. À medida que contemplamos o ir e vir das emoções, descobriremos aquela respiração extra, necessária para dar uma pausa no momento certo e observar nossa raiva e frustração como elas são, em vez de sermos consumidos por elas. O objetivo é suspender o juízo e, simplesmente, observar. Aos poucos, com a prática, descobriremos que somos capazes de deixar os julgamentos de lado cada vez mais e, assim, aceitarmos melhor as situações.

> Os antídotos para a raiva são a compaixão e a tolerância.

### *Orgulho*

Quando percebemos que alguém é mais rico, mais bonito ou mais popular que nós, ficamos com o orgulho machucado e, portanto, infelizes. Nos flagramos, com muita frequência, dizendo "se eu tivesse organizando isso, ficaria muito melhor"; "se eu fizesse as coisas do meu jeito, o sucesso seria bem maior"; "se eu fosse o gerente dessa loja/restaurante ou o administrador desse negócio, eu faria diferente". É muito fácil cairmos na ideia de sermos melhores que os outros. Nosso ego toma conta de nossa mente, expulsando as ideias dos outros. Mas se sempre pensarmos que estamos certos ou que somos os melhores, não sobrará nenhum espaço para crescermos ou melhorarmos e, assim, ficaremos estáticos e fixados em nossas próprias crenças estreitas, nos fechando para qualquer oportunidade ou aprendizado. Se estamos cheios de orgulho, também podemos nos frustrar facilmente, sem acreditar que os outros sejam bons o suficiente, querendo que o mundo entre no nosso ritmo e em nossas próprias maneiras de pensar e fazer as coisas.

Não devemos temer em perguntar a nós mesmos: "Sou mesmo tão bom?" ou "O que será que eu sei mesmo?" quando seu ego estiver se vangloriando. Sabendo que não somos melhores em tudo, é mais fácil sermos humildes. Pode parecer que as pessoas orgulhosas são mais felizes, desfrutando de tudo que encontram, enquanto os mais humildes, que se esforçam para serem bons com os outros, são menos felizes. Isso não é verdade pois os que não têm o orgulho como característica reconhecem suas emoções negativas e sempre querem melhorar. Duvidar de nós mesmos é inevitável e honesto. Se não ignoramos nossas emoções, ficamos mais cientes de seu potencial não só para nosso crescimento, mas também para cultivarmos uma mente mais serena e mais feliz a longo prazo.

> A humildade é um antídoto ao orgulho. A longo prazo é a pessoa humilde que acaba sendo respeitada.

## Inveja

*Nenhum de nós normalmente atinge mais maturidade do que o menino de sete anos que observa com atenção para ver quem ganhou mais do que ele.*

*Pensamentos sem pensador*, Mark Epstein

A inveja é o pensamento que nos impede de desfrutar o que temos. No processo de nos preocuparmos e tentarmos alcançar o que os outros têm, não conseguimos nos deleitar com o que já possuímos. Sentimentos de inveja perturbam e inquietam a mente e são um bom sinal de que precisamos prestar mais atenção em nós mesmos do que nos outros. Qual é a fonte da insegurança que está nos fazendo invejar o outro, em vez de celebrarmos com ele e apoiá-lo?

É importante ter atitudes positivas com a motivação de beneficiar os outros e não sermos movidos pela inveja. A inveja, pela intenção, transformará uma ação positiva numa ação negativa. Devemos abandonar a motivação de sempre superar os outros.

> Regozijar-nos na felicidade e nas boas qualidades dos outros é um antídoto para a inveja e permite que nossa mente relaxe e aprecie o que tem.

## Apego

O apego vem de um estado mental "eu-e-meu" – minha casa, minha família, meu amigo, meu amante, assim por diante.

O falso senso de permanência por trás da sensação de apego é muito forte. Também nos apegamos ao conceito de como queremos que as coisas sejam. Assim, quando uma pessoa ou coisa se desvia de nosso ideal, ou das características com que a rotulamos – seja amigo, pai, amante – surge o sofrimento. Ao compreendermos a natureza impermanente de tudo, podemos minimizar a força de quaisquer expectativas que tenhamos a respeito de situações ou pessoas (inclusive nós mesmos) e, com isso, desenvolveremos uma sensação de contentamento.

> Reflita sobre seu corpo, suas emoções, seus relacionamentos, suas opiniões, seu status, sobre o clima, sobre o tempo – e você reconhecerá que tudo é impermanente. Compreender isso é o antídoto do apego.

## Confusão

A principal causa de sofrimento mental é a confusão – isto é, pensar que as coisas existem exatamente como as percebemos. Há uma velha história budista sobre um homem indo a pé para casa certa noite. Na escuridão ele vê uma cobra no caminho e fica apavorado, seu coração bate e a mente fica em prontidão. Mas ao observar melhor, ele percebe que havia se equivocado – não era uma cobra, mas uma corda. Aliviado e rindo, ele passa por cima da corda e vê que, na verdade, era um colar de joias! É natural que tenhamos pressuposições em nossas vidas, mas sem compreensão, tomamos as pressuposições como se fossem realidade. E ao fazer isso, não reconhecemos o colar de joias que está bem na nossa frente, achando que é uma cobra!

Até mesmo os conceitos de "bom" e "mau" são reflexos de nossa percepção. Dessa forma, alguém que é um bom amigo e uma boa pessoa para nós pode ser uma pessoa má e um inimigo para outra pessoa. Ao nos agarrarmos a nossa própria percepção do que é realidade, é bem provável que surjam outras emoções aflitivas. Compreender que tudo é um reflexo de nossa própria mente e que não podemos ficar fanáticos com relação às coisas, é o ponto essencial da mente serena. Neste momento, a maioria de nós é um fanático de uma forma ou de outra. Somos muito apegados a nossos conceitos de bom e mau, belo e feio, ao ato de gostar ou não gostar.

> A sabedoria e a compaixão são antídotos para a confusão.

Ao desenvolvermos nossas mentes, começamos a nos deparar com esses estados perturbadores. Mas enquanto nossas mentes estiverem controladas por esses cinco "venenos", nunca seremos verdadeiramente felizes ou encontraremos paz de espírito.

Se pudermos minimizar nossos pensamentos e ações negativos, começaremos a limpar nossas mentes e a criar um espaço para maior compreensão da vida, livre de todas as fabricações usuais. A forma mais fácil de fazermos isso é com o desenvolvimento de nossa capacidade para pensamentos e ações positivos, tais como o amor e a compaixão pelos outros. Isso porque quando amamos alguém, pensamos menos em nós mesmos e, assim, ficamos menos egoístas, já que desejamos oferecer felicidade para a outra pessoa. Enquanto esse pensamento durar, também durará nossa felicidade.

À medida que ampliamos esse amor por uma pessoa, para a família, amigos, colegas, vizinhos, e, aos poucos, para todas as pessoas, haverá menos espaço para as emoções aflitivas. Apreciamos nossos pais pelo amor e bondade de nos concederem a vida e nos trazerem para esse mundo. Enquanto desenvolvemos respeito pelos pais, professores, pelos mais velhos e, aos poucos, por todas as pessoas, começamos a criar uma sociedade em que também seremos amados e respeitados.

*Não ignore suas emoções*

A consciência livre de julgamento diante das emoções nos liberta. Se sempre sentirmos culpa ou vergonha de nossas emoções, não conseguiremos olhar para elas com clareza e será muito mais difícil nos soltarmos delas. As emoções reprimidas ainda estão muito vivas, borbulhando sob a superfície, e ao tentarmos ignorá-las ou empurrá-las ainda mais para baixo, nos prenderemos ainda mais a elas, que, provavelmente, se tornarão obstáculos ou bloqueios para nosso prazer com a vida. Criam inquietação em nossas mentes e corações. Da mesma forma, quando nos entregamos demais a emoções como o orgulho ou a raiva, ficamos presos, acreditando que somos a própria emoção: "sou a raiva[1]".

A língua das emoções:

· A mente inquieta diz: que raiva!

· A mente serena diz: sinto raiva.

*Aproveite ao máximo seus arrependimentos; nunca abafe a dor, mas cuide bem dela até que a considere de forma separada e integral. Arrepender-se profundamente é viver de novo.*

*Henry David Thoreau*

---

**1** Em inglês se usa o verbo ser onde em português se usa estar, o que retira um pouco a ideia de permanência, mas independentemente da língua, conseguimos entender a ideia de nos identificarmos com a emoção. [N. do T.]

Algumas pessoas dizem que quando meditam, sentem uma grande variedade de emoções difíceis e complicadas. Quando não meditam, sentem-se melhores e menos vulneráveis. É como se a meditação significasse abrir uma caixa de pandora. Mas sem essa consciência obtida através da meditação, não é possível haver serenidade ou relaxamento verdadeiros. Estamos apenas nos escondendo. Se pudermos nos tornar conscientes, conseguiremos, efetivamente, relaxar e confiar em nossa própria natureza; saberemos do fundo do coração que somos pessoas boas e tranquilas.

Nossas emoções são uma porta para a sabedoria, para a conexão e a compaixão. Elas nos permitem sentir dor, nos importar profundamente com as pessoas, nos colocar no lugar dos outros, nos apaixonar, nos inspirar e fazer grandes obras. Elas podem até mesmo ser um apoio e caminho para a compreensão – são uma chave para o autoconhecimento. A vida é criada pelo desejo e é por isso que é importante ter compreensão. O desejo pode ser um sentimento bom, mas devemos nos perguntar que motivação ele tem. É para ajudar os outros, para inspirar, para apreciar a vida? Ou está cheio de apego? Olhe diretamente as próprias emoções, observe-as sob todos os ângulos. Observe a si próprio e descubra de onde elas vêm, a que dizem respeito. Você consegue vê-las surgir e perceber o que podem ensinar?

Se não conseguimos um tempo para relaxar e desfazer as fabricações da mente, podemos nos considerar raivosos ou invejosos. Se examinarmos profundamente, veremos que embora essas emoções existam em nossa mente, elas não são nossa natureza e, certamente, não são nossa natureza 24 horas por dia nem 365 dias por ano. As coisas não são tão rígidas assim.

# A arte de se soltar

*No fim o que mais importa é: você amou bem? Você viveu plenamente? O quanto conseguiu se soltar?*

*Buda*

Uma coisa é aceitarmos a ideia de que precisamos nos soltar de algo – uma mágoa passada que continua a impactar nossas emoções ou nossa vida e que, de alguma forma, não nos ajuda, um rótulo ao qual nos prendemos, ou mesmo uma pessoa que, no fundo, sabemos ser uma influência negativa. Outra coisa completamente diferente é seguir em frente e realmente nos soltar.

Começarmos a entender que nem todos os hábitos emocionais nos ajudam já é dar o primeiro passo. Com isso vamos ouvir nossa sabedoria interior, em vez de permitirmos que a mente egoica dirija o espetáculo. Isso não quer dizer que as próprias emoções sejam, de alguma forma, "ruins"; já vimos que todas as emoções são professoras e que colorem e aprofundam nossa vida. Mas o modo como reagimos a nossos sentimentos pode arruinar nosso dia ou até mesmo períodos longos de nossa vida. Que tipo de sentido conferimos a eles? Por quanto tempo nos agarramos a eles, enquanto que, para todos a nossa volta, está bem claro que já passaram?

À medida que a consciência se desenvolve com a experiência cotidiana e também com as práticas de meditação e presença mental, começamos a reconhecer um espaço entre as emoções e as reações. Precisamos ter muita paciência conosco ao começarmos esse processo de aperfeiçoamento da consciência. A princípio é apenas uma questão de percebermos as emoções aflitivas aparecerem, tanto aquelas que surgem rapidamente, como bolhas, em reação a uma situação ou pessoa, quanto aquelas que silenciosamente devoram nossa confiança e autoestima. Para alguns, pode aparecer como raiva, ou como uma sensibilidade demasiada, ou uma onda de inveja por algum amigo contando de algum sucesso, talvez ciúmes quando seu amor fita outra pessoa do outro lado do recinto. Para outras pessoas pode surgir como uma sensação de não serem amadas, ou de sempre terem sido "boas", não importa o que tenhamos feito, mas isso faz surgir uma intensa ansiedade sobre a possibilidade de fracasso. Nas próximas páginas examinaremos essas emoções em detalhes.

Não paramos imediatamente de ter emoções ou reações negativas, mas conseguimos começar a observá-las – no início, depois que surgem e, aos poucos, à medida que aparecem, ou pelo menos quando o corpo e a mente mostram sintomas de que as emoções estão prestes a vir à tona. Questione a si mesmo, sem nenhum julgamento, de onde elas vêm? Talvez haja outros gatilhos que, a princípio, não consideramos – por exemplo, estarmos cansados ou com fome. Pergunte a si mesmo se o ego não está envolvido na emoção – será que não estamos tomando as coisas de modo muito pessoal, ou nos colocando no centro do universo?

Quando debatemos com outras pessoas, nem sempre aceitamos o que elas dizem sem questioná-las. Nesse caso, exploramos e pedimos mais informações para sermos capazes de ver as coisas sob outro ponto de vista. E podemos fazer o mesmo com nossa própria mente. O mero ato de nos propormos algumas perguntas muitas vezes ajuda a aliviar a intensidade dos sentimentos e o processo de nos soltar começa sem que nós sequer percebamos.

Também é possível sentirmos que a reação original foi compreensível, dadas as circunstâncias, mas, ao encararmos as emoções, aceitamos que sustentar aquela sensação nos deixa desconfortáveis, acabando com nosso dia. Aqui lembramos as meditações de Contemplação da Mudança e Apreciação (ver págs. 89 e 85, respectivamente) e pensamos: essa não foi uma boa experiência, mas não precisamos ficar presos a esse sentimento doloroso; temos outros sentimentos bons que podemos acessar.

Algumas vezes temos medo de nos soltar de algo; por exemplo, quando nos deparamos com um dilema ou uma escolha difícil na vida.

Podemos evitar tomar essa decisão até ser tarde demais, já que estamos muito distraídos, preocupados com as consequências. Em outros momentos, estamos demasiadamente apegados às próprias emoções ou aos rótulos (isto é, a projeções da mente). Acreditamos fortemente que certas características ou fraquezas são uma parte inerente de nossa personalidade: são o que somos. Por exemplo, se alguém muito explosivo é descrito como passional ou intenso, ele pode não querer se soltar da raiva porque isso implica perder uma parte de si mesmo – sem aquele sentimento ele não sabe quem é. Mas o ponto principal não é se soltar da raiva, mas da reação à raiva – a parte do "e agora, o que faço em seguida". As emoções são efetivamente parte de nós, de nossa humanidade, mas não precisamos nos agarrar a elas para sermos o que somos.

Soltarmo-nos de mágoas profundas ou rótulos com que convivemos quase a vida inteira não é fácil e, muitas vezes, pode exigir terapia ou conselhos profissionais. Mas tentarmos entender o funcionamento da mente também pode ser útil. É possível que, a partir desse entendimento, nos soltemos de padrões contraproducentes e hábitos emocionais, ao mesmo tempo em que mantemos o que é valoroso em nossas vidas. A mente egoica certamente vai sentir falta de se comportar da mesma velha forma familiar, podendo, algumas vezes, dar lugar à raiva ou ao descontentamento. Mas, aos poucos, sentimos menos aquele nó no estômago ou o constante zunido da análise obsessiva da mente, aliviando o fardo sobre nossos ombros. Dessa forma, a vida torna-se mais leve. Abre-se uma oportunidade para mantermos o foco em nossa mente e criam-se possibilidades para seguirmos alegremente com as coisas que fazem diferença, o que realmente importa, lembrando-nos do que a vida é de fato.

### *Soltando-se da raiva*

A raiva é um bom exemplo para começarmos, uma vez que é uma emoção muito forte e as pessoas, efetivamente, não gostam da presença dela por muito tempo.

O Buda disse que a raiva é como pegar uma brasa quente com a intenção de jogá-la em outra pessoa, só que quem realmente se machuca é quem atira a brasa. Há momentos em que é muito natural ficarmos bravos, sendo insalubre não expressarmos ou não permitirmos sentir essa emoção forte. Mas da mesma forma que é natural para a mente passar pela experiência da raiva, é bom desenvolvermos consciência sobre a real utilidade dela, nos perguntando, também, se em algum momento traz boas sensações ou, pelo contrário, sempre causa dor, tristeza e inquietude.

À medida que começamos a desenvolver a concentração mental e nos capacitamos para uma introspecção que permite contemplar o tipo de pessoa que somos, começamos a nos distanciar e a encontrar o espaço necessário para observar a raiva, em vez de sermos imediatamente tomados por ela assim que ocorre. Se não aprendemos a treinar a mente, uma emoção como a raiva facilmente nos controla, principalmente quando estamos distraídos. Podemos até saber que reagimos mal a certos acontecimentos, mas nos sentimos impotentes quando a raiva surge; no calor da reação a uma situação particular não há tempo para verificar de onde ela realmente veio. Por isso, a princípio, não devemos tentar suprimir a raiva quando ela surge, mas apenas começar a reconhecê-la e observar suas fontes e características. Por que certos acontecimentos parecem apertar nossos botões, enquanto outros não o fazem? O que é mesmo que nos afeta? A grosseria, por exemplo? Ou será que quando alguém age mal, nos sentimos afrontados por suas palavras ou ações? Como é que ele fez isso? Como é que ele me disse aquilo? Ou talvez seja porque nos sentimos impotentes em certas situações: quando o motorista do ônibus vai embora logo que conseguimos chegar na parada; ou quando o chefe nos esquece na hora de conceder a promoção para a qual nos esforçamos tanto; quando o banco envia uma carta para informar que os juros do empréstimo vão subir; ou, ainda, quando estamos exaustos e nosso filho adolescente decide sair para a balada até alta madrugada e o esperamos acordados, muito preocupados. Todos esses fatores podem ser gatilhos para a raiva.

Essa é a vida no mundo real e nem sempre segue nossos planos. Alguns dias parece que o mundo inteiro está contra nós. Mas é o que fazemos com nossa raiva que faz a diferença entre apanhar a brasa quente e nos queimarmos ou permitir que ela esfrie. Assim, se um colega de trabalho ou nosso parceiro fez algo que tornou nosso dia muito mais difícil, ficamos furiosos, podemos gritar e espernear de raiva. Mas que resposta isso normalmente enseja? É possível que também fiquem com raiva ou se sintam mal e envergonhados pelo que fizeram a ponto de ficarem tristes e irem embora. Por outro lado, podemos ficar em silêncio, ainda que a raiva permaneça tão evidente que qualquer um a percebe. Seguimos segurando a brasa quente. Quando a sentirmos queimar, talvez seja mais fácil largá-la, em vez de jogá-la em alguém – só, então, será possível examiná-la e tentar articular sua existência. Esse é o momento de nos perguntar por que sentimos a raiva e de onde ela veio. Talvez haja uma combinação de fatores externos e, possivelmente, condições internas também façam parte – tais como o cansaço ou exigir padrões muito perfeccionistas, querer que as coisas sejam exatamente do nosso jeito.

Encontrar um equilíbrio entre falar de forma útil e assertiva ou usar as palavras como adagas contra outra pessoa nem sempre é fácil, mas vale a pena praticar em nome de nossas próprias mentes serenas e da felicidade daqueles próximos a nós. A princípio pode ser muito difícil controlar o temperamento, mas quando começamos a ver os resultados – a paz mental obtida, como nos damos melhor com a família, amigos e colegas e até com os estranhos na rua – fica claro que vale a pena praticar.

Algumas práticas explicadas neste livro são particularmente úteis para nos soltarmos da raiva. Simplesmente focarmos na respiração (ver pág. 75) quando sentimos a raiva queimando – essa prática pode esfriar as chamas, reduzindo os batimentos cardíacos e acalmando o corpo para acalmar a mente.

A Meditação da Apreciação (ver pág. 85) nos ajuda a reestruturar a mente com uma perspectiva mais positiva perante a vida; ao nos focarmos nos pontos altos, temos mais resiliência perante os baixos e, assim, talvez fiquemos menos propensos a nos agarrar tão prontamente à raiva.

A Contemplação da Mudança (ver pág. 89) também é muito útil já que, à medida que seguimos com o movimento da correnteza, passamos mais ao largo dos obstáculos ou os encaramos no nosso ritmo, em vez de nos chocarmos contra as pedras.

Também é bom nos apressarmos menos durante o dia, de forma que tenhamos mais tempo e espaço para deixar a raiva esfriar. Uma sugestão para acordarmos cedo pela manhã é fazê-lo gradualmente, cada dia alguns minutos mais cedo, em vez de tentar acordar bem mais cedo de uma só vez. Dormir uma boa noite de sono (ver pág. 151) também nos deixa revitalizados e, muitas vezes, menos agitados.

Passarmos algum tempo olhando para dentro, contemplando nossa identidade (ver pág. 64), nos ajuda a explorar a raiva de acordo com sua origem *interna*, em vez de meramente colocarmos rótulos nas diversas condições externas que nos "deixam" com raiva. Será que somos pessoas que gostam das coisas exatamente do nosso jeito? Se for o caso, observarmos as situações sob diversas perspectivas (ver pág. 40) pode ser de grande utilidade. Ou será que nossas frustrações nos deixam mais suscetíveis à raiva? Por exemplo, podemos estar infelizes com nosso trabalho, mas, quando exploramos essa situação, podemos perceber por que estamos sempre reclamando de nossa jornada; ou se temos ansiedade em relação a nossas finanças, ficamos desproporcionalmente bravos quando nossa companheira compra um par de sapatos novo.

### *Soltando-se do medo*

Todos os nossos medos se resumem a três categorias: tememos outras pessoas, a morte e nossas próprias mentes. Temos receio do que os outros podem fazer – como nos sentimos com suas palavras ou ações, seus elogios ou críticas; temos medo de ser abandonados, de não merecermos amor – e o medo do que podem pensar de nós, do que podem dizer quando não estamos presentes.

O medo da morte é algo com que as pessoas nunca lidam, ainda que seja a única certeza que temos na vida. Nossa mente egoica busca segurança, portanto faz sentido que a morte tão frequentemente seja vista como o maior medo de todos, mas fazemos muito pouco para nos preparar para ela. No budismo se dá muita ênfase em termos uma boa vida, de forma que possamos ter uma boa morte. Para fazermos isso, precisamos aceitar a morte, usarmos essa certeza como motivação ao longo desta vida.

Já o medo que temos de nossas próprias mentes é o assunto central deste livro. É importante fazermos amizade com nossa mente, percebermos que ela é nossa aliada e não nossa inimiga. Não precisamos ter medo de encarar nossa mente, do que podemos descobrir. Quando isso ocorre, é porque o ego está no controle. Mesmo que encontremos sofrimento na mente, em longo prazo é melhor saber onde ele se encontra para podermos nos tornar quem realmente queremos ser. Precisamos ser pacientes com a mente quando ela se distrair ao tentarmos meditar. É necessário termos paciência com nossos medos, não nos envergonharmos deles, reconhecendo-os pelo que são.

Muitas pessoas acreditam que seriam capazes de realizar muito mais na vida se pudessem se livrar dos medos e ansiedades. Mas para que isso aconteça, em vez de ignorarmos os medos, o melhor seria olharmos seu cerne, aceitá-los e transpassá-los. Se olharmos para os medos ou preocupações por outra perspectiva, poderemos encontrar algo inspirador, alguma coisa que realmente faça a diferença em nossas vidas. Isso porque nossos medos estão muito ligados às nossas esperanças – tememos algum resultado negativo da mesma forma que esperamos um resultado positivo: alguém que teme se casar também conhece a felicidade potencial de um relacionamento amoroso, com todas as barreiras superadas erigidas nos relacionamentos anteriores;

no exato lugar onde imaginamos o fracasso também existe o potencial para o sucesso; tememos perder as coisas boas que temos hoje e, por vezes, o medo é tanto que nos esquecemos de aproveitá-las.

Se algumas vezes decidimos fugir de nossos medos, não devemos nos arrepender ou nos envergonhar, mas por que não experimentar saltar dentro deles e usá-los como inspiração? Eles têm tamanho potencial para nosso crescimento e, muitas vezes, não são tão assustadores quanto imaginamos. Por isso é importante lembrarmos a natureza mutável da vida – não somos capazes de controlar cada pequeno detalhe e nem devemos tentar. Se, por exemplo, tentarmos controlar nosso parceiro com medo de que ele se desinteresse pelo relacionamento, estaremos só solidificando um temor, ameaçando algo que pode ser bom em nossas vidas, mas que deve estar aberto à mudança e ao crescimento.

Vamos pensar nos "três itens" novamente e ver se alguma das meditações pode nos ajudar tanto a encarar quanto a nos soltar de nossos medos. Devemos lembrar que somos nós mesmos a única fonte de nossa felicidade e sofrimento. A maneira como olhamos para as situações faz toda a diferença – com nossa mente criamos um mundo. É fato que não podemos controlar tudo a nosso redor, pois o mundo é sempre incerto e sujeito à mudança. Aceitando essa incerteza podemos decidir: "Por que não olharmos para o lado positivo?" Por que não tentarmos coisas novas, mesmo que estejamos com um pouco de medo? Normalmente ninguém se arrepende de tentar, ainda que as coisas não aconteçam exatamente como o esperado, uma vez que até mesmo o "fracasso" é algo que podemos encarar sob outra perspectiva.

Se praticarmos as Meditações de Apreciação ou Contemplação da Mudança, podemos cultivar confiança diante de nossos medos. Podemos perceber que não vale a pena passar o tempo todo torturados, pensando sobre preocupações e medos, uma vez que temos tantas coisas boas na vida a que devíamos dar maior proeminência mental! E com as meditações de contemplação podemos observar nossos medos sem nos sentirmos oprimidos por eles. Podemos manter uma pequena distância mental e olhar para eles sob perspectivas diferentes. Podemos aceitá-los e, no devido tempo, perceber que não nos agarramos mais a eles.

> *Quando nós, seres humanos, sentamos para conversar, a maior parte do tempo achamos muito fácil reclamar ou criticar. É muito raro que façamos isso para elogiar os outros, muito menos aqueles de quem não gostamos. O ego toma tanto o tempo da conversa que esquecemos de ousar ser diferente, ousar ser positivo, ousar ser bondoso e ousar ser compreensivo.*

> *Sempre digo a meus amigos e alunos que é fácil reclamar, porque isso deixa o ego feliz, especialmente quando ele arrasta outras pessoas para nossa própria história. Alimentamos o ego para temporariamente nos sentirmos bem, mas depois que aquele momento passa, não nos sentimos muito bem.*

> *Um herói é alguém que ousa ter uma vida feliz, conquista seu ego e controla as emoções invejosas, inseguras ou orgulhosas que nos fazem fazer ou dizer coisas que machucam os outros. Portanto, sempre examine a si mesmo com ousadia e tente parar. É preciso muita coragem para admitir que estamos errados e que precisamos mudar e melhorar. Não há problema em cometer erros, mas é preciso coragem para aprender com eles, desejar ser uma pessoa melhor. Com a disposição de melhorar, pouco a pouco você vai seguir seu caminho. Um dia, sem nem mesmo perceber, você se tornará uma pessoa bondosa e admirável.*

> *Sua Santidade Gyalwang Drukpa*

## Soltando-se das atitudes

*Quando o homem se inclina em reverência, o céu perdoa.*

Provérbio tibetano

Como humanos, temos a boa fortuna de ter cinco ou talvez até seis sentidos com os quais mantemos contato com o mundo ao nosso redor. Ainda assim, algumas vezes, desenvolvemos atitudes fixas e não ficamos abertos ao que cada dia ou momento nos traz. Ficamos presos a velhos padrões e formas de pensar que, a princípio, podem parecer mais fáceis e mais confortáveis do que tentarmos observar os fatos sob pontos de vista diferentes. Mas o problema é que a mente fica como uma caixa fechada, da qual novas ideias transbordam por sentirmos a mente abarrotada.

Com essa perspectiva rígida, podemos desenvolver um senso de arrogância ou perfeccionismo, chegando ao fanatismo. Associamos a palavra "ego" à arrogância; pessoas que descrevemos como tendo um grande ego geralmente são espalhafatosas e arrogantes, enquanto associamos a humildade às pessoas mais quietas. Mas o ego também pode ser bem forte numa pessoa quieta e até muito sensível. Se levarmos tudo para o lado pessoal, novamente percebemos o ego assumindo o controle, exatamente como aquele que grita e faz escândalo numa pessoa arrogante. Em ambos os casos o orgulho é facilmente ferido. O mesmo motivo que leva alguém a atacar, faz o outro se sentir profundamente machucado.

Há muitas pessoas que externamente parecem calmas, mas que, interiormente, estão inquietas devido à busca impossível de sempre estarem certas, ou fazerem as coisas de forma perfeita. A menor crítica ou piada fere sua sensibilidade, fazendo com que se sintam destruídas por dentro. As coisas precisam ocorrer exatamente de uma determinada forma, se não um sentimento de frustração ou ansiedade começa a borbulhar, surgindo um senso muito forte de "certo ou "errado", onde não há espaço para a mobilidade. E da mesma forma que assume tudo de forma tão pessoal, uma pessoa presa ao perfeccionismo muitas vezes acaba julgando os outros demasiadamente. A mente não tem um fluxo natural, está sempre lutando contra obstáculos, sempre apontando as fraquezas nos outros, ao mesmo tempo em que é extremamente sensível quanto às próprias.

Você está certo

Ao fim de um ensinamento, dois monges começaram a debater o que haviam acabado de ouvir. Cada um insistia que o próprio entendimento era o correto. Para resolver a disputa, foram pedir ao mestre que ajuizasse a questão.

Depois de ouvir o argumento apresentado pelo primeiro monge, o mestre disse que ele estava certo, o que deixou o monge muito feliz. Fitando o outro como um olhar vencedor, foi embora.

O segundo monge ficou chateado e começou a apresentar suas próprias ideias sobre o que entendeu do ensinamento. Quando terminou de falar, o mestre olhou para o monge e disse que ele também estava certo. Ao ouvir isso, o segundo monge ficou animado e foi embora.

Um terceiro monge, que também estava no recinto, ficou muito perplexo com o que acabara de ver. 'Estou confuso, mestre!', disse ele. 'As respectivas posições quanto à questão são totalmente opostas. Eles não podem estar ambos corretos!'

O mestre sorriu enquanto olhava o terceiro monge bem nos olhos, 'Você também está certo!'

No budismo, fala-se muito a respeito do fanatismo. Meu guru, o XII Gyalwang Drukpa, gosta de abordar o budismo como espiritualidade e não como religião, porque ele sabe bem como o fanatismo pode se imiscuir, mesmo quando começamos com as melhores intenções. É uma grande tristeza a religião ser levada a extremos fanáticos a ponto de uns matarem os outros em nome da fé. Tentamos não nos focar muito nos rituais budistas próprios de nossos ensinamentos porque eles podem suplantar a motivação principal de nossa espiritualidade. É fácil nos vermos envolvidos na recitação perfeita de orações em termos de pronúncia, em vez de nos focarmos em seu significado.

Encontrar conforto em nosso dia ou em nossa fé não é algo ruim. Não há uma linha estabelecida entre o que é bom e útil e entre o que é ruim ou inútil, não há uma definição universal. Portanto, devemos, como indivíduos, encontrar o ponto em que nossa mente se sinta mais relaxada e confortável. Quando sentimos o perfeccionismo surgindo, devemos nos distanciar um pouco de nós mesmos e observar os pensamentos se enrijecendo, nos deixando infelizes. Precisamos reconhecer o perfeccionismo pelo que é – algo que não precisa ser atado à mente com tanta força. A flexibilidade é importante para uma mente feliz. Não devemos expor nossa opinião de forma muito rápida, seja para concordar ou discordar. Deixemos os pensamentos se assentarem. Façamos as coisas de uma forma confortável para nós, sem intromissão na maneira de ser dos outros. Pensar ou falar mal de outras pessoas é fonte de muita negatividade neste mundo. Em vez disso, vamos nos concentrar na investigação de nós mesmos com um coração aberto ao mundo.

### Soltando-se da crítica e do louvor

Enquanto seguimos a vida, gostamos de receber algum tipo de retorno daqueles próximos a nós, e, em particular, de vez em quando gostamos de receber aquele tapinha aprovador nas nossas costas. É completamente natural ficarmos felizes quando os outros ficam satisfeitos com nossas ações; a habilidade mental a ser desenvolvida, nesse caso, é não ficarmos apegados demais ao elogio com o propósito de não precisarmos dele para desenvolver nossa autoestima. Isso porque, quando ele é retirado, nos sentimos perdidos e nossa confiança despenca. Portanto, se fizermos algo muito positivo que provoque elogios, devemos apreciar e agradecer. Mas não nos apeguemos a eles, não permitamos que alimentem nosso orgulho.

Com relação à crítica, também não precisamos nos apegar, tenha sido ela dirigida a nós mesmos ou quando é distribuída a várias pessoas por situações que não deram muito certo. Se nos sentirmos muito afetados, é interessante investigar de forma gentil, tendo autocompaixão. Carregarmos a crítica no coração pode nos desviar por mais tempo que o necessário para aprendermos a lição: pode se enraizar na mente e alimentar os pensamentos negativos que porventura tenhamos com relação a nós mesmos. É por isso que a Meditação de Apreciação é tão útil no que diz respeito aos altos e baixos da vida. Ao agradecermos, em primeiro lugar, tudo que nos acontece de bom, podemos explorar a crítica, sem nos arrastar pelos pensamentos negativos. Podemos aprender com a crítica para agirmos de modo diferente no futuro. Se, por outro lado, não houver nada que possamos fazer, preocupação excessiva não será de muita ajuda.

Quando somos muito sensíveis a críticas ou elogios, ou quando nos sentimos culpados, achamos nossas ações muito importantes, deixando-nos vulneráveis à mente inquieta. A busca incessante por perfeição é cansativa. Podemos ser pessoas muito perfeccionistas, para quem cada tarefa é tão importante que, se não formos os melhores em tudo, ou se desapontarmos os outros, nunca nos perdoaremos; porém em algum momento esse desapontamento aparece, por mais fantásticos que nossos esforços sejam.

Assim, se for possível liberarmos nosso apego ao louvor e à crítica, o melhor é ficarmos equilibrados nas próprias emoções. Quando reconhecemos que ninguém é perfeito, um grande fardo é retirado de nossos ombros. Seremos menos perfeccionistas e teremos uma chance de melhorar e crescer. A vida se abre e sentimos menos medo e ansiedade, menos pressão em fazer tudo certo, relaxados no conhecimento de que faremos o melhor que pudermos.

Não importa a que nos agarremos na vida. O importante mesmo é liberarmos essa pressão que nos incomoda e aliviarmos nossa carga emocional ou mental.

Não importa qual seja nosso objeto de apego, precisamos oferecê-lo, ainda que seja apenas mentalmente. O exemplo mais simples é o dinheiro. Se somos muito apegados ao dinheiro, pratiquemos dar um pouco (não estamos falando de grandes gestos), mas façamos isso do fundo do coração, sem nenhuma condição e sem exigir nada em troca. Se estivermos com muita inveja de um colega de trabalho, podemos praticar a celebração dos esforços daquela pessoa, oferecendo bons sentimentos. Podemos pensar criativamente, explorando todas as formas pelas quais podemos dar em vez de nos apegar a alguma coisa.

## Soltando-se das influências negativas

Há algumas coisas ou pessoas em nossas vidas que, no fundo, sabemos não serem boas para nós. Algumas vezes são as coisas ou pessoas que mais desejamos, ou que são parte intrínseca de nossas vidas – nossa família, por exemplo, ou colegas de trabalho. Considerarmos e aceitarmos a impermanência da vida, com seus altos e baixos, parece sempre algo ligado à resignação com situações ou pessoas com quem não nos damos bem – coisas que devemos aprender a "aguentar", reclamar menos, termos menos pensamentos negativos. Mas se aprendermos a elevar nossa consciência pessoal, desenvolvendo algumas práticas incluídas neste livro, começaremos a compreender que há momentos em que é mais saudável eliminar as influências negativas de certas situações, coisas e pessoas, e nos concentrarmos em cultivar as influências positivas para nós.

Há momentos em que precisamos apenas respirar fundo, reconhecendo a influência negativa tal como ela é – pois não é possível consertá-la ou mudá-la. Por exemplo, é possível que tenhamos um relacionamento difícil com nosso chefe, mas, por outros motivos, queremos manter aquele trabalho. O ato de aceitação e reconhecimento pode ser suficiente para acabar com o pior lado desse relacionamento negativo.

Em alguns casos, pode ser necessário abandonarmos alguma coisa ou alguém uma vez que aquela influência negativa causa estragos na mente serena. Podemos, também, nos fixarmos em algumas situações, pensando constantemente em coisas que não são boas para nossa tranquilidade ou nossa felicidade. Essas situações podem envolver pessoas muito próximas, talvez um companheiro ou familiar. Apesar de todos os esforços para mantermos um relacionamento positivo, reconhecemos que ele está tendo um impacto negativo em nossa mente e em nossa vida. Podemos até achar uma atitude egoísta desistir, considerando melhor seguir com aquela situação, mas, algumas vezes, os momentos mais fortes de nossas vidas implicam em nos livrarmos de um ciclo ou padrão negativo porque é com essa atitude que realmente melhoramos.

## Retornando ao presente

*O segredo da saúde para o corpo e para a mente é não lamentar o passado, não se preocupar com o futuro ou antecipar problemas, mas viver sinceramente no momento presente com sabedoria.*

*Buda*

No mundo desenvolvido de hoje, muitos de nós têm a boa fortuna de manter relacionamentos bons com a família, amigos e pessoas amadas, ter um teto, comida e os elementos básicos para nos abrigar. Ao redor do mundo, no entanto, ainda há pessoas que não têm essas condições básicas para viver.

No momento em que ficamos realmente felizes por ter uma refeição quente e o calor de um pequeno fogo, aprendemos a grande lição de viver no presente, felizes de estar bem onde estamos e em nenhum outro lugar. Nem sempre é tão fácil. No ritmo rápido da vida moderna, com toda tecnologia de que dispomos 24 horas por dia, nem sempre é possível nos lembrarmos disso. Mas o contato com a natureza é um dos maiores lembretes de como estar no presente, por isso veremos a tradição do *Pad Yatra*, a peregrinação a pé.

## A caminhada

A *Pad Yatra* é uma peregrinação a pé de 42 dias, realizada por 700 monjas e voluntários, cruzando os Himalaias com um chamado para espalhar uma mensagem de compaixão ecológica ao longo da região. Essa é uma causa muito importante para mim e para Sua Santidade Gyalwang Drukpa. As montanhas dos Himalaias não são apenas um local sagrado para nós, onde tantas pessoas vivem a filosofia budista, mas também um local sagrado ambiental para o mundo todo, uma região glacial que corre o perigo de ser devastada pelo caos climático associado ao aquecimento global.

Caminhamos juntos por 42 dias, de vilarejo em vilarejo, coletando meia tonelada de lixo na forma de plástico no caminho, que levamos nas costas. Falamos com muitas pessoas no decorrer da caminhada e somos sempre recebidos com imensa bondade e compaixão. Mas preciso admitir que, a princípio, não foi uma experiência divertida e eu gostaria de compartilhar com você as muitas questões que vieram à minha mente durante aquele mês e meio nas montanhas. Trata-se de questões sobre propósito, felicidade, sofrimento e o sentido da vida.

Sobretudo no começo, as dificuldades foram grandes. Não havia chuveiro nem banheiro. A comida era pouca e dormíamos em barracas. E de dia era só caminhar, caminhar e caminhar.

Entre o povo de Ladakh havia uma piada sobre uma montanha em particular – que se você olhasse para o pico dela, sua cabeça cairia para trás, de tão alta que era. De fato, ela era bem íngreme. Então o que fizemos foi estabelecer metas. Não olhamos para cima por cinco minutos e percebemos que, em vez de olharmos e nos sentirmos cansados, começamos a pensar: "Puxa, desta vez até que adiantamos um bom trecho." Então, passo a passo, acumulamos felicidade, vagarosamente cruzando uma montanha como essa – e havia várias delas – e, aos poucos, começamos a encontrar prazer em nossas conquistas.

Depois de um tempo, apesar da falta de comida, sono e necessidades básicas, descobri que estava gostando de caminhar. E me perguntei por quê. Quando observei minha própria experiência, percebi que havia muitas razões, mas uma delas era que eu estava vivendo no presente, vivendo o agora e apenas me concentrando em caminhar – colocando um passo diante do outro, um pé de cada vez. O fato era que precisávamos contemplar o momento, uma vez que perder a concentração significava correr riscos. Era bem simples. E então havia aquela beleza natural a nosso redor, bem ali – e era impossível não ver essa beleza, ela não deixava.

Alguns de nossos voluntários ocidentais, durante a caminhada, realmente passaram por dificuldades. Ficaram presos ao sofrimento dos próprios corpos, seja porque a caminhada era muito difícil, ou porque olhavam demais para o topo da montanha e, assim, perdiam a bela jornada que se fazia para chegar lá. Mas então um dia algo mudou. Pararam de olhar muito à frente, e, como eu, começaram a apenas colocar um pé depois do outro. Repentinamente, havia sorrisos onde antes só havia lágrimas e cansaço. As preocupações sobre conseguir concluir a caminhada perderam o apelo e, em seu lugar, apareceu um deleite puro com o momento presente.

Portanto a minha questão é: quando você vive, você realmente aproveita o presente? Você está no presente e ciente dele?

O fato é que queremos aproveitar a vida. Mas alguns acreditam que aproveitar a vida está conectado com o futuro, com a "felicidade que irá acontecer", enquanto outros se sentem nostálgicos em relação a seus passados, quando acreditavam que as coisas eram do jeito que queriam que fossem. Porém, o momento presente é onde vivemos, por que não se deveria também apreciá-lo? O que temos nessa vida senão o presente? Então por que não aproveitar esse momento e a vida que vai se tornar o futuro ao mesmo tempo? Por que não pensar no passado com carinho, mas também se deleitar na experiência sensorial do presente? Não há tempo como o presente para começar a apreciar nossa vida.

O segundo ponto interessante sobre a *Pad Yatra* diz respeito à comida. Durante a caminhada, tudo que comíamos era delicioso já que estávamos famintos. Não havia nada comparável com nenhuma comida que normalmente escolheríamos para comer em nossas vidas cotidianas, mas naquele momento o gosto da comida era melhor do que nos melhores restaurantes em Hong Kong. Da mesma forma, embora estivéssemos acostumados a dormir em camas confortáveis a maior parte do tempo, o saco de dormir na barraca era maravilhoso e dormíamos tão profundamente apenas porque estávamos exaustos. Ficávamos sempre tão felizes com a mera visão de nossos sacos de dormir. A felicidade brotava da vida simples que estávamos vivendo!

Embora o valor maior da *Pad Yatra* seja ajudar partes remotas do mundo, ela é também como levar a mente para a academia. Para mim foi um apertar de cinto tanto físico quanto mental!

### A simplicidade nos traz para o presente

*Tenho apenas três coisas para ensinar: simplicidade, paciência e compaixão. Estas três coisas são seus maiores tesouros.*

*LaoTzu*

A vida moderna pode, muitas vezes, ficar muito complexa. Temos tantas escolhas a fazer, tantos e-mails para ler, que dizer então para responder. Podemos estar em uma reunião já pensando na próxima, ou em como sairemos na hora para pegar as crianças na escola. Podemos estar em uma galeria de arte, seguindo uma exposição que queríamos ver há meses e, então, nos descobrimos pensando sobre outras coisas. Quando isso acontece, o exercício de respiração (pág. 75) vai ajudá-lo a voltar ao presente. Ao centrarmos a respiração mais profundamente, a probabilidade de nos perdermos no tempo será bem menor.

Precisamos gerar consciência das oportunidades de simplificar a vida. Podemos começar separando meia hora de cada almoço para nos desligar do computador, concentrando-nos só em comer, sem fazer várias coisas ao mesmo tempo. Há, também, outras ideias que nos ajudarão nessa tarefa:

· Podemos passar um dia fazendo as tarefas pequenas com a mente totalmente engajada, como escovar os dentes ou fazer uma xícara de chá. Dessa forma, traremos nossa mente ao momento presente. De início, parece um pouco forçado, mas logo ficaremos surpresos com o prazer que as tarefas do dia a dia nos oferecem, até o simples ato de lavar o rosto!

· Se sentirmos uma irritação queimando, engatilhada por uma situação cotidiana que nos provoca, uma boa forma de distrair nossa mente da irritação e liberar a tensão crescente é voltar ao presente, nos focando na respiração. Ela pode, de início, ser superficial, então, gentilmente, respiramos mais profundamente até o fundo do abdômen. Não devemos suspirar, pois esse é um sinal de que estamos agitados e frustrados. Mantenhamos as respirações silenciosas e lentas e, à medida que respiramos, imaginamos aquela luz branca (pág. 78). Podemos também descobrir que um momento de apreciação ajuda a dissipar as emoções de inquietação, distraindo nossa mente e permitindo que a irritação não se transforme em algo desagradável. Se treinarmos nossa mente nesse sentido, é provável que consigamos ver a situação de outro ângulo ou reconheçamos que não vale a pena ficarmos tão perturbados. Mesmo que alguém tenha sido grosseiro conosco ou nos enganado, ou, ainda, se sofremos alguma injustiça, seremos capazes de seguir em frente, evitando o calor da reação. Não carregaremos mais aquele peso o resto do dia e não deixaremos que aquilo influencie nosso temperamento e as interações com outras pessoas.

· Antes de fazermos qualquer coisa que nos deixe nervosos ou estressados, devemos focar na respiração para nos afastar das preocupações associadas ao futuro ou ao passado, voltando ao momento presente. É bom adicionarmos um minuto de Meditação de Apreciação (ver pág. 85) para suavizar os pensamentos. É também de grande ajuda quando estamos nervosos, fazendo ou recebendo ligações, viajando, fazendo apresentações em público, ou visitando o médico, o dentista ou nosso orientador, por exemplo.

· Precisamos encontrar algumas atividades que nos permitam *pensar* menos, evitando que prestemos atenção demasiada nas tarefas cotidianas comuns, deixando os pensamentos como simplesmente são. Com relação a isso os esportes podem ser muito úteis. Pessoas que jogam golfe passam quatro horas meditando, focados em nada além de uma bolinha branca. O mesmo acontece em relação à pintura, à cerâmica, ao canto, à escalada e à equitação. Qualquer atividade que nos ajude a focar a mente em algo que não seja a tagarelice usual, permite que ela descanse, fazendo com que sigamos o fluxo do momento presente.

• Praticar nossas habilidades de ouvintes, será útil para nos mantermos realmente presentes diante das outras pessoas ao nosso redor, além de ser um ato muito generoso. Quando nos descobrimos terminando a frase dos outros, ou querendo que eles terminem logo de falar, de forma que possamos dizer algo, é sinal de que estamos constantemente saltando em nossa própria mente, ficando agitados e impulsivos. Precisamos relaxar, deixar nossa mente se aquietar e ouvir o que os outros têm a falar.

Quando dei ensinamentos sobre o *Pad Yatra* e as muitas lições úteis que aprendi sobre aproveitar bem o presente, surgiram perguntas muito interessantes e achei por bem incluí-las aqui:

P. Se alguém tem sonhos ou ambições, isso quer dizer que não está vivendo no presente?

R. Ter sonhos e querer alcançá-los é muito bom, mas se você está sempre sonhando e nunca apreciando, aproveitando o presente e vivendo nele, mesmo que realize os sonhos, eles não vão resolver nada. Você simplesmente seguirá para outro sonho e acabará vivendo um sonho após o outro, sem prestar atenção ao que está ao seu redor no aqui e agora e, assim, pode acabar sonhando sozinho.

P. É possível usar o passado para ajudar o presente?

R. Contemplar nossa jornada é útil para compreendermos o presente. Porém, é fácil ficarmos presos nos pensamentos sobre o passado e, se isso ocorrer, não vamos encontrar lição alguma para o presente. Podemos nos sentir nostálgicos quanto a algo que se foi, ou podemos estar presos a mágoas ou angústias. Nesse momento, precisamos ter coragem de permitir que essas emoções surjam em nossa meditação para que possamos olhar para elas sem julgamentos, sem rejeitá-las ou nos prender a elas, simplesmente vendo-as com mais clareza e exatamente como são ou como foram. Elas são parte de nós, mas nós não somos elas. Gentilmente podemos deixar que se dissipem. Aos poucos podemos nos permitir ficar mais no presente e encontrar felicidade em tudo que está ao nosso redor hoje.

P. E se você se sentir preso ao presente?

R. Algumas pessoas têm uma sensação de que querem escapar de seu presente. É ótimo falar sobre viver e aproveitar o presente, mas isso não é tão fácil quando estamos num trabalho que odiamos, ou num relacionamento do qual não conseguimos sair. Podemos nos sentir presos em nossas circunstâncias "presentes". A resposta para isso não é encontrada nos fatores externos, mas internamente. Será que o problema está mesmo no trabalho, no relacionamento ou na situação financeira, ou está relacionado com nossas projeções, nossas expectativas e padrões? Algumas vezes, mesmo em trabalhos maravilhosos ou em relacionamentos fantásticos, não nos perguntamos se estamos mesmo felizes? Dizemos a nós mesmos que deveríamos estar felizes – que temos tudo que poderíamos querer ou precisar – e, ainda assim, não estamos felizes. Sempre há coisas positivas em nossa vida em *qualquer* momento, mas geralmente nos esquecemos delas; podemos nem mesmo percebê-las ou até perdê-las. É por isso que a combinação das meditações de Apreciação e Contemplação da Mudança (ver págs. 85 e 89, respectivamente) são cruciais para o treinamento de uma mente serena e relaxada.

Se nos dermos uns poucos minutos para contemplar cada dia, ficaremos mais observadores, compreenderemos melhor a nós mesmos e aos outros, evitaremos julgar e presumir de forma tão rápida, apreciando melhor o momento e a tarefa que estamos fazendo naquele exato momento. Com a apreciação, vem a felicidade, sem precisarmos esperar o tempo todo por algo inexplicável que vai despejar felicidade a nossos pés. Por que não sermos felizes *agora mesmo*?

## Nutrindo o corpo para nutrir a mente

Nosso corpo e nossa mente são interdependentes. A consciência do corpo vem da mente; se ouvirmos o corpo, seremos capazes de cuidar melhor de nós mesmos. Tomando cuidados com o corpo, estaremos dando grandes passos para cuidar da própria mente.

Para compreendermos exatamente quão próxima é a conexão entre o corpo e a mente, pensemos, por um instante, num sorriso em contraposição a uma cara fechada. A escolha a ser feita tem um efeito imediato em nossa mente. Quando fechamos a cara, criamos dois vincos entre os olhos – pode-se até dizer que fechamos nosso terceiro olho, a porta para nossa sabedoria interior. Nossa face e nossa mente ficam tensas, ambas rígidas e desconfortáveis.

Mas quando sorrimos, tudo se abre, inclusive nossa mente. A atenção das pessoas segue para nossos olhos e os sentimentos bons contagiam. Nos sentimos melhor. Não é surpresa dizer que rir é o melhor remédio.

Na meditação nos conectamos com a respiração para dar um descanso para a mente. Parar o fluxo de pensamentos negativos ou turbulentos, mesmo por um só minuto, permite que nos reenergizemos, revigorando nossa energia mental.

### *Meditação na caminhada*

Caminhar é uma atividade tão simples, mas o que poderia ser melhor para nos conectarmos com a terra? Dar o próximo passo é viver, fazer o próprio caminho. A meditação de caminhada pode ser a hora de olharmos para dentro, mas, muitas vezes, nos conecta com o exterior também, possibilitando um equilíbrio entre os dois âmbitos. Conectamo-nos com nossos próprios corpos, levando o eu físico para mais perto do eu interior, de forma que se torna uma forma ativa de retiro. Ao fazermos essa conexão com o ambiente, levamos a natureza física para mais perto do eu interior. Podemos observar nosso estado emocional usando o ritmo dos passos, utilizando nossa respiração para desacelerar nossa mente e perceber tudo o que acontece no momento presente.

Quando caminhamos na *Pad Yatra* (ver pág. 126) seguimos num ritmo de, literalmente, apenas adiantar um pé e depois o outro. O caminho pode ser muito íngreme e traiçoeiro e, assim, ficamos muito conscientes de nossos corpos. Para muitos participantes, a prática é tão desafiadora fisicamente que eles se soltam da mente inquieta e, quando menos esperam, são tomados de uma grande alegria repentina, simplesmente por estarem vivendo a vida no presente.

Muitas vezes em retiros nós "circum-ambulamos", o que significa fazer muitas voltas em torno da "estupa" (uma estrutura que contém relíquias budistas). Esse tipo de caminhada nos ajuda a nos livrarmos do ego à medida que nos dissolvemos no ritmo de nossos passos. Algumas vezes meditamos ao fazer essas voltas, outras vezes, deixamos nossas mentes no próprio lugar, ou conversamos em voz baixa com amigos, contando as novidades e falando sobre os ensinamentos daquele dia. O fato de nos focarmos em contar quantas voltas fizemos, pode ser suficiente para sossegar a mente; podemos, também, usar esse tempo para contemplação. Essa caminhada pode acontecer da forma que for necessária.

*Para começar*

Podemos fazer alguns minutos de meditação caminhando a qualquer hora do dia, seja num parque ou numa rua na cidade. Para praticar, o melhor é escolhermos um lugar mais quieto e natural já que é mais fácil não nos distrairmos. Se encontrarmos um local com o chão desnivelado, realmente ficaremos presentes em nossa caminhada, em vez de nos voltarmos constantemente para as ocupações da vida.

- Antes de começar, fique em pé por alguns instantes. Sinta a conexão entre seus pés e o solo, subindo por seu corpo, até o topo da cabeça. Relaxe os ombros, não deixe os joelhos trancados e olhe para a frente. Relaxe o maxilar, os olhos e a testa. Aproveite o momento.

· Respire gentilmente pela barriga e sinta-a como o centro do corpo (muitas vezes nos prendemos em nossas cabeças como sendo o centro do corpo).

· Respire profundamente, deixando tempo para a expiração. Coloque um pé e depois o outro, apreciando cada passo. Aprecie seu corpo enquanto se move. Aprecie a terra sob seus pés, sentindo as sensações entre os pés e a terra e por todo o corpo.

· Mantenha o foco gentilmente à frente e observe seu estado emocional, não se fixando a nenhum ponto específico. A sua mente está correndo, está calma ou envolvida numa divagação? Deixe os pensamentos irem e virem com o ritmo de seus passos, de sua respiração.

· Sinta a brisa no seu rosto. Deixe que a natureza permeie seu corpo. Sinta o alívio cada vez que o pé se levanta do chão e a conexão toda vez que ele o reencontra.

· Depois de alguns minutos, faça uma parada e fique em pé novamente, sentindo o chão sob seus pés, percebendo o corpo e a mente.

É possível fazermos meditação de caminhada ao longo do dia, enquanto seguimos em nossos afazeres – isso provê um descanso e recarrega a mente. Ou podemos dedicar um tempo separado para essa prática, o que, sem dúvida, é uma boa forma de começar.

Da mesma forma que a comida é energia para o corpo, ela também energiza a mente. Existem alimentos que são especialmente benéficos para mantermos uma mente calma, focada e saudável. Sabemos que um bom desjejum ajuda as crianças a se concentrarem melhor na escola, mas, ainda assim, muito adultos saem correndo de casa sem dar combustível nenhum para que a mente trabalhe durante o dia. Por isso, no meio da tarde, sentem-se esgotados, sem energia.

Os cientistas já identificaram alguns nutrientes que são particularmente bons para a mente, e, no topo da lista, estão os óleos essenciais ômega 3, que ajudam a parte emocional do cérebro a produzir os neurotransmissores associados a um temperamento positivo. A linhaça, por exemplo, é rica em ômega 3.

## Comendo com presença mental

Num retiro próximo a Katmandu, no Nepal, em que muitos dos visitantes vieram do Vietnã, a comida era uma combinação maravilhosa de pratos nepaleses e vietnamitas, e, apesar da localização remota, as refeições não se repetiam nunca numa mesma semana. É interessante perceber que, tanto nos retiros como nos *Pad Yatras*, as pessoas colocam grande presença mental no ato de comer. Elas cuidam para comer apenas o suficiente para satisfazer o apetite e parecem saborear cada porção. Muitas vezes somos encorajados a comer em silêncio, o que nos faz apreciar a comida e, simplesmente, comer.

A comida é sempre simples (somos vegetarianos porque não aceitamos prejudicar outros seres), mas é preparada com cuidado e as monjas fazem uso de cada ingrediente que têm à mão. O arroz, é claro, é a base. Trata-se de um daqueles alimentos básicos que sempre nos remete à simplicidade, nos lembrando de como a comida é preciosa. Mesmo com a vasta gama de alimentos disponíveis nos supermercados e nas máquinas de venda, ainda nos locais mais remotos, algumas vezes uma tigela simples de arroz e vegetais é o que precisamos para nos recolocarmos em nossas mentes e apreciarmos a vida: e se o arroz está presente, estamos bem. Também bebemos água quente e chá tradicional ao longo dos retiros – algo muito simples, mas muito apreciado. E é tão bom ver as pessoas servindo umas às outras com grandes sorrisos depois de um dia de meditação e ensinamentos.

O jejum é feito em certos dias, de acordo com o calendário tibetano. Se um dia de jejum cai durante um retiro, os participantes são encorajados a jejuar na segunda metade do dia, se o desejarem. Novamente, isso salienta o relacionamento entre o corpo e a mente pois o jejum, mesmo por um curto período, descansa o corpo.

Antes de ir para o *Pad Yatra* com Sua Santidade, eu tinha muitas manias com comida, em relação ao que gostava ou não de comer. Mas, na peregrinação a pé pelas montanhas, nunca sabíamos quando haveria uma parada, portanto, nunca sabíamos que comida estaria disponível. Logo descobri que a fome verdadeira faz as batatas terem um gosto nunca experimentado antes.

Nos programas de presença mental, a comida ou o chá são, muitas vezes, usados para engajar a mente em todos os sentidos físicos, encorajando nossa consciência a observar o cheiro, a aparência, a textura e o gosto de determinado alimento. Uma sugestão é pegarmos um pedaço de chocolate para observá-lo cuidadosamente enquanto se dissolve na boca. Assemelha-se à meditação de Respiração Diária, em que desviamos a atenção da inquietude da mente para algo mais imediato e físico. E se pudermos praticar esse tipo de presença mental ao fazermos as refeições, isso nos tornará mais cientes de coisas tão pequenas, mas tão importantes em nosso cotidiano – do sol em nosso rosto a uma xícara de chá – atividades que podem nos ajudar a cultivar uma mente serena e nos alegrar um pouco.

Tanto a alimentação como os exercícios físicos são muito úteis para a mente. Não importa que tipo de exercício preferimos. Eu, por exemplo, adoro a "ginástica mental" da *Pad Yatra* (pág. 126), a peregrinação a pé que fazemos nos Himalaias. Mas não importa se gostamos de correr, nadar, andar de bicicleta (também fazemos *Pad Yatras* de bicicleta!), qualquer exercício que treine nosso corpo físico também ajudará a treinar nossa mente. Quando exercitamos o corpo, descansamos a mente, pelo menos das preocupações inquietas. Mesmo que tenhamos que nos concentrar no exercício escolhido, como melhorar nosso saque no tênis ou nossa pegada no golfe, usaremos nossa mente de uma forma diferente; exercitamos a mente ao mesmo tempo em que exercitamos o corpo.

Sem dúvida, esse é o caso da ioga, que sempre foi associada à meditação. De fato, a ioga é vista como uma forma física de meditação: da mesma forma que a meditação abre a mente e permite que ela se alongue, se recupere e encontre novas formas de crescer, a ioga faz o mesmo com o corpo.

O mais importante na ioga é o treino do equilíbrio. Podemos ter a sensação de não nos movermos tanto durante uma aula de ioga, mas perceberemos, mais tarde, como o corpo inteiro se alongou de forma nunca antes imaginada. Alguns praticantes relatam que são capazes de ver como está a mente só pela maneira como o corpo se exercita na ioga. No dia em que nos sentimos mais equilibrados, o mesmo sentimento se mostrará em nossos pensamentos ou emoções.

Paralela ao equilíbrio está a flexibilidade. Ela permite que nos enraizemos firmemente, como uma árvore, e balancemos com a brisa, sem medo de cair. É exatamente esse o objetivo da meditação no treino da mente: restaurar o equilíbrio e a flexibilidade, de forma que possamos nos sentir fortes, mas também adaptáveis a todas as situações.

## 3
# Presença mental cotidiana

*Explique-me e esquecerei, mostre-me e lembrarei;*
*envolva-me e compreenderei.*

*Provérbio chinês*

Desde o ato de beber uma xícara de café até cuidar das pessoas amadas, estarmos presentes na vida é que adiciona cor e riqueza.

Quando estamos presentes, somos tanto espontâneos quanto bem-preparados, porque com mais entendimento e conhecimento de nossas mentes podemos agir intuitivamente: falar o que temos que falar, conscientes de nossas palavras; mergulhar no que quer que estejamos fazendo, sem ficarmos ansiosos quanto ao resultado porque estamos confiantes na intenção, totalmente presentes no momento e em nossas próprias mentes e corpos, sem flutuarmos constantemente no passado e no futuro.

Essa seção explora algumas situações bem específicas da vida, e como na mente serena, podemos trazer benefícios aos leitores, oferecendo-lhes uma nova perspectiva.

Muitas pessoas pensam que os budistas preocupam-se apenas em estar presentes, mas isso não é verdade. Precisamos primeiramente compreender quem somos e, a partir disso, nos esforçarmos para realizar inúmeras tarefas, motivados por amor e compaixão, em vez de nos preocuparmos com nossos próprios motivos egoístas. Quando temos compreensão, lembramos o que nos inspira – por que fazemos o que fazemos. A inspiração é o que nos dá tração – é nossa energia especial. Não estamos mais seguindo nossos sonhos, um passo atrasados, mas *sendo* nossos sonhos, momento a momento, dia a dia.

A experiência é a melhor prática. É a melhor lição. Como realmente aprender e compreender sem a experiência? É por isso que sempre encorajo as pessoas a não ficarem com medo de tentar, porque se fizermos nosso melhor, teremos uma ótima experiência. Muitas vezes é mais fácil olhar para a vida de outras pessoas, desejar o dia a dia delas. Mas, dessa forma, nos perdemos em vários "e se?", em vez de estarmos presentes na própria vida, aqui e agora, pois é só o que temos.

## Hábitos diários da mente serena

Podemos não perceber, mas já possuímos muitas formas de acalmar nossa mente inquieta. O problema é que é fácil nos fixarmos no que fazemos de errado, em vez de cultivarmos o que fazemos corretamente.

Ao ler essa seção do livro, você pode ter achado que algumas sugestões são supérfluas e não essenciais, mas se mantivermos nossa mente nutrida e descansada, será mais fácil passar o dia com mais energia e liberdade. Ficaremos abertos às oportunidades e mais resilientes quando as coisas não vão bem, não seguem nossos planos ou desapontam nossas esperanças. Para os que nos cercam, seremos pessoas mais compreensivas e, assim, descobriremos nossas irritações surgindo e se dissipando mais rapidamente, sem sentirmos necessidade de atrapalhar a vida dos outros.

Como já vimos na primeira parte do livro, é fácil pensar que encontraremos uma fórmula mágica para a conquista da felicidade – o tipo de felicidade que requer condições e que exige saltos sobre obstáculos para ser alcançada. Por exemplo, se somos comerciantes e fazemos hoje muitas vendas, ficaremos felizes. Embora tais conquistas possam ser muito boas, se confiarmos nelas para obter felicidade, essa felicidade será sempre passageira e não se sustentará por muito tempo. Em vez disso, deveríamos nutrir e cultivar felicidade e paz de espírito com hábitos cotidianos bem pequenos.

Esses hábitos nos ajudarão a manter em mente um panorama mais amplo da vida, mesmo quando as situações ficarem difíceis. Devemos usá-los para voltar ao presente, nos afastar das preocupações e das coisas que podem ou não acontecer. Eles incluem tanto uma caminhada na beira de um rio quanto musculação numa academia, o que quer que nos dê paz de espírito, pensando como essas coisas permitem que nos sintamos bem e relaxados, e o que podemos fazer para alongar esse contentamento durante todo o dia.

### *Respire*

A consciência do corpo e da respiração é o primeiro passo na direção da consciência de nossas emoções e reações nas situações cotidianas. Se sentimos que nosso corpo está tenso, é provável que nossa mente também esteja. Precisamos manter o foco na respiração, na entrada e saída do ar, para que nossa mente comece a relaxar. Devemos respirar profundamente. Depois desse exercício, podemos ainda reagir àquela situação desagradável com mais consciência e, provavelmente, de forma mais calma e paciente. O exercício da Respiração Diária (ver pág. 75) nos traz de volta ao corpo e proporciona descanso e um sentimento de espaço para a mente. Cria uma abertura entre nós e qualquer situação difícil ou frustrante por que estejamos passando. Provê uma oportunidade de pausarmos antes de reagirmos e uma chance de pensarmos antes de falar. Podemos, também, usar essa prática para acalmar a ansiedade antes de fazermos algo que nos deixa nervosos, como fazer uma ligação pelo telefone, visitar o médico ou o dentista, ou entrar num vagão de trem muito cheio.

## Escolha bem as palavras

*Uma só palavra que traga paz é melhor que mil palavras vãs.*

**Buda**

Sermos sinceros em tudo que dizemos, do fundo do coração, nos proporcionará paz de espírito. Como o Buda diz, *"Uma só palavra que traga paz é melhor que mil palavras vãs"*. As palavras nos dão a oportunidade de nos conectarmos com os outros, de mostrarmos compaixão e partilharmos criatividade e ideias. Mas podem também ferir, ser críticas, abusivas ou maledicentes. Elas podem ainda exagerar nossa dor e nosso sofrimento.

Muitas vezes, quando uma pessoa é muito crítica, ela está projetando seu crítico interior, o crítico mais poderoso de todos. Ou talvez seja a parte "eu sou o melhor" do ego que está vindo à tona. Não quer dizer que nunca devamos fazer qualquer crítica, mas que precisamos estar cientes a respeito da origem dessa crítica. Se ela for feita com generosidade, amor e bondade, se estamos no papel de professor ou mentor, faremos isso devido a nossa posição, sabendo bem quais palavras ajudam no aprendizado e no crescimento de outra pessoa.

Precisamos retornar ao presente quando falamos – *estarmos* com nossas palavras. Dessa forma, diremos apenas o que queremos dizer, em vez de atirarmos palavras ao vento enquanto os pensamentos estão em outro lugar. Um pai, por exemplo, pode ser bondoso, mas também duro com uma criança que não está se comportando bem. Ele não precisa gritar nem levantar a voz pois está presente com a criança e com as palavras, e ela sabe quando o que é dito é sério. Acho que, como adultos, também sabemos, mas temos muitos obstáculos adquiridos com o tempo que nos impedem de agir corretamente. Usamos jargões, palavras e frases prontas sem pensar bem sobre eles. Mas sabemos quando um político que está discursando realmente se importa com o que está dizendo, ou quando está apenas projetando as próprias emoções. Sabemos quando nosso amor pausa para colocar sentimento nas palavras "eu te amo", ou está apenas dizendo isso por hábito. E mesmo que fiquemos incomodados e nos contorçamos, sabemos quando a crítica foi dada com o intuito de nos ajudar.

Ao colocarmos consciência nas palavras, veremos a diferença que isso faz nos relacionamentos e em tantos momentos do dia.

## O dom do silêncio

*Observe a própria mente, já que ela, sem dúvida, é o guru.*

*Milarepa*

Se formos capazes de ficar em silêncio uma hora por dia, começaremos a desenvolver o discernimento e a mente serena. Muitas vezes perdemos tempo com fofocas, falando dos outros, o que é um desperdício de energia. Portanto, em vez de falarmos o tempo todo, sempre olhando para fora, nos damos a oportunidade de fazer silêncio e olhar para dentro. Não devemos temer a quietude nem ter medo de ficarmos sentados, imóveis. São esses momentos que nosso "eu interior" usa para se alongar e crescer, e, com isso, a vida externa também melhora já que não nos preocupamos tanto com ela.

Para aprendermos a nos liberar de nossos apegos, é bom nos esquecermos um pouco de todos os estímulos e distrações da vida cotidiana. Quando as pessoas participam de nossos retiros, elas vestem agasalhos simples e o chuveiro é só um balde de água quente e uma caneca. Não há carros e encorajamos todos a desligarem seus telefones e *smartphones*. Para algumas pessoas isso representa um alívio instantâneo, enquanto outras precisam se acostumar a esse "desligamento". Mas quando as armadilhas da vida moderna não estão mais presentes como distrações, é fantástico ver quão rapidamente as pessoas começam a reconhecer o que está por trás das camadas da mente inquieta, egoica, revelando sua natureza interior.

Conversa fiada é algo que as pessoas adoram fazer, já que alivia o estresse e as dificuldades da vida cotidiana, mas, no ambiente de retiro, aconselhamos as pessoas a ficarem em silêncio para que suas mentes possam respirar e se abrir. Alguns retiros são completamente silenciosos, mas, para iniciantes, é aconselhável que explorem os ensinamentos uns com os outros, separando um tempo para a contemplação pessoal. Podemos fazer isso em nossa própria vida, seja numa sessão formal de meditação, apreciando a natureza ou caminhando nos campos, levando o almoço na mochila.

Se possível, devemos praticar o silêncio para descobrirmos que estamos menos inclinados para a fala emocional ou irritada. Isso não significa nos tornarmos passivos, mas que começamos a reconhecer quando estamos prestes a dizer algo que não queríamos ter dito, conseguindo parar antes que seja tarde demais.

*Leia, olhe, ouça*

Quando estamos muito ocupados, descobrimos que passamos tempo demais sem ler, ouvir música ou sem apreciar arte e cultura. Não achamos espaço em nossas mentes, ou tempo em nossa agenda. E, ainda assim, quando pegamos um livro e lemos algumas páginas, percebemos nossas mentes se expandindo. Sentimo-nos menos presos quando não estamos vendo e pensando tudo a partir de nosso próprio ponto de vista. Tomamos a imaginação do escritor ou do pintor emprestada por um momento. E lembramos como é bom apenas ouvir, seja música ou pássaros no jardim. Isso é de grande ajuda em nossa convivência com as pessoas mais próximas. Nem sempre concordamos com os outros, mas é sempre bom sermos menos fixados em nossas próprias visões – termos capacidade de ouvir sem querer interromper. Apreciar a cultura abre e alarga nossas mentes, oferecendo espaço para crescermos internamente e nos interessarmos mais pelos outros.

## *Agradeça*

A prática da Meditação de Apreciação combinada com a Meditação da Contemplação da Mudança (ver págs. 85 e 89, respectivamente) é uma forma excelente de impedir que a inquietude da mente assuma o comando. Ao agradecermos tudo o que é bom em nossa vida, descobriremos que nosso amor e nossa compaixão se multiplicam. Começaremos a ter a capacidade de ver as coisas que nos deixam inquietos exatamente como são; coisas que não precisam se enraizar. Porém é nossa escolha permitir que tomem um espaço precioso em nossa mente ou nos concentramos nos aspectos bons na vida. A Apreciação ajuda a colocar as coisas em perspectiva: somos lembrados do que realmente importa e podemos até mesmo usar as emoções positivas para encontrar boas lições para aplicar em um dia mais problemático. Como resultado, acabamos nos sentindo afortunados, sendo capazes de achar coisas dignas de agradecimento.

## *Mude um hábito*

Na vida cotidiana as pessoas têm muitos hábitos arraigados que são inócuos, mas que encorajam a mente a fazer o máximo possível de forma automática. Portanto, do caminho que fazemos do trabalho à cafeteria onde bebemos o café de manhã, ou o lugar onde encontramos com pessoas, é possível que sigamos os mesmos padrões todos os dias. Mudar um desses hábitos pode ser muito renovador para a mente, já que a traz de volta ao presente, permitindo que vejamos as coisas de um ângulo diferente e apreciando a mudança. Começamos a alimentar nossa curiosidade e muitas surpresas podem se revelar. Um exercício simples como esse pode aguçar nossa consciência a fim de sabermos por que reagimos a certas situações sempre da mesma forma, mostrando que os hábitos podem ser superados.

Mudar um comportamento automático pode também ser um alívio quando começamos a trabalhar com a mente. Esse livro nos encoraja a conhecermos nossa mente, mas há o perigo de ficarmos introspectivos ou analíticos demais. Sempre vejo as pessoas surpresas com a frequência com que eu e meus professores rimos de nós mesmos, especialmente quando ficamos muito sérios, mas também dos momentos engraçados da vida. Acho que podemos fazer um esforço consciente para cuidar de nossas mentes durante práticas específicas porque isso nos libera de uma introspecção exagerada e nos ajuda a viver o momento presente.

*O que correu bem hoje?*

Por que não passar algum tempo percebendo o que deu certo no dia de hoje? Coloquemos nossas preocupações de lado com relação às tarefas que ainda não foram terminadas e fiquemos tranquilos a respeito do que foi feito. Como a Meditação da Apreciação, esse hábito diz respeito à perspectiva. Ele diz respeito a treinarmos a mente para que ela veja o "copo meio cheio" em vez de "meio vazio".

Perguntar como foi nosso dia é quase automático para nós, já que gostamos de avaliar como os fatos se desenrolam. No entanto, muitas vezes, começamos uma lista de críticas, com medo de nos deter nas coisas boas. Precisamos ser complacentes, evitando o deslumbramento excessivo. Se somos demasiadamente críticos, ou o extremo oposto (se nunca observamos o que é negativo, sem nem olhar uma segunda vez), precisamos tentar ser equilibrados quando observamos nosso dia. Devemos perceber com atenção as circunstâncias boas com a finalidade de melhorarmos nossa confiança e relaxarmos durante a noite.

*Faça o seu melhor*

Fazermos nossas tarefas da melhor forma possível é um hábito diário que deveríamos cultivar. Muitas vezes, incutimos isso nas crianças, mas, à medida que envelhecemos, vamos nos esquecendo dessa lição e começamos a julgar nosso sucesso nos comparando com os outros. Mas fazer o melhor hoje, aqui, no presente, *é* o que garante uma mente serena. Não significa nos endeusar, nos comparar com os outros ou até mesmo nos rotular. Diz respeito a cortarmos todo o entulho mental e realizarmos nossas tarefas com nossas melhores intenções e os melhores esforços.

É fácil demais passarmos o dia todo nos preocupando com uma só atividade, mas acabarmos sem fazer nada. O restante das tarefas é postergado e sentimos que o dia foi desperdiçado, enquanto isso o medo cresce e se enraíza como um monstro assustador em nossa mente, tornando ainda mais difícil seguirmos em frente. Então se há algo prioritário em nossa lista de afazeres que nos deixa ansiosos, executemos essa tarefa em primeiro lugar, só assim poderemos relaxar e aproveitar o resto do dia. Geralmente os problemas não estão na tarefa em si, mas na maneira com que nossa mente a encara, fazendo com que imaginemos o pior cenário possível.

*Coma bem*

*Uma face sorridente é meia refeição.*

*Provérbio látvio*

Muitas pessoas almoçam em suas mesas de trabalho, em pé na cozinha ou até mesmo caminhando na rua. Comer se tornou outro item em nossa lista de afazeres, algo que fazemos ao mesmo tempo em que pagamos contas, respondemos e-mails ou navegamos na internet.

Mas a comida é uma oferenda; é essencial para a vida e um pouco mais de tempo e consideração no ato de comer, sem dúvida, beneficiará nosso corpo e, sobretudo, nossa mente. Sentarmos juntos com nossa família, ou sozinhos em silêncio, saboreando cada porção, faz com que a refeição nutra muito mais do que o próprio alimento. A comida é uma fonte de grande alegria – até mesmo uma xícara de chá pode permitir uma folga para a mente durante um dia ocupado (veja "Alimente sua mente", pág. 136).

## Faça uma caminhada

A Meditação na Caminhada (pág. 134) ou simplesmente sair para caminhar é uma das formas mais fáceis de aplacar a mente inquieta. Mesmo que levemos muitos pensamentos conosco, em vez de pararmos de pensar durante a caminhada, a energia que flui pelo nosso corpo e o ritmo do movimento nos ajudarão a assentar a mente. Para algumas pessoas, a caminhada é uma boa oportunidade para deixar o telefone ou *smartphone* em casa e observar a natureza ou simplesmente ver o mundo passar enquanto se perambula pelas ruas da cidade.

### Busque a natureza

Se tivermos contato com a natureza, conheceremos um pouco mais nossa própria essência natural. A natureza tem a capacidade de nos fazer voltar ao presente assim que vemos um pássaro raro ou nos maravilhamos com uma paisagem após uma escalada. Na *Pad Yatra* (a peregrinação a pé – pág. 126), nosso objetivo principal é passar uma mensagem ambientalista porque quando praticamos a amizade com a natureza, também somos mais respeitosos e amigáveis uns com os outros. A natureza pode ser cruel e até violenta, mas nos oferece muito, principalmente no cultivo de uma mente serena. Em meio a ela aprendemos a lição de darmos um passo depois do outro nos Himalaias, ou respirarmos num lugar calmo para fugirmos da turbulência da cidade – por isso precisamos cuidar dela.

### Role de tanto rir

Meu professor, Sua Santidade Gyalwang Drukpa, usa essa expressão: "role de tanto rir" e que liberdade e leveza encontramos em suas palavras! Na montanha de Amitaba Druk, no mosteiro nepalês da ordem de monjas Drukpa, as monjas trabalham duro todos os dias, cuidando de cada espaço do mosteiro, rezando muitas horas, estudando e fazendo atividades físicas como o Kung Fu. Certamente não é uma vida fácil, mas, ainda assim, sempre se ouvem risadas vindas de um canto ou de outro do mosteiro. Sempre há tempo para rolar de tanto rir.

Quando começamos a contemplar nossas mentes e nosso senso de identidade há o perigo de ficarmos sérios demais. Na busca por felicidade esquecemo-nos de nos divertir. A vida é tão preciosa que, muitas vezes, colocamos a diversão num patamar muito baixo em nossa lista de afazeres. Esquecemos que é quando realmente nos divertimos que a luz brilha em nossos olhos, fazendo acender o coração dos outros. A risada é a maior curadora e tem o poder de conectar as pessoas. É algo muito especial que temos como seres humanos e a mente serena é aquela que vê o lado engraçado das coisas. Podemos rir de nós mesmos sem nos ridicularizar de qualquer forma.

Se nosso coração vive o riso, nossa mente sente-se feliz. A risada nos ajuda nos tempos tristes, oferecendo um pouco de luz na parte mais escura da vida. Então, role de rir!

### *Compartilhe suas preocupações*

Muitas pessoas acham que é um ato egoísta falarmos de nossas preocupações e problemas; que, na verdade, não temos nada do que reclamar e que devemos deixar as coisas como estão. Mas se pudermos ser bons ouvintes, as pessoas naturalmente também o serão, nos ouvindo quando precisarmos de algum apoio. Partilhar uma preocupação significa partilhar o fardo, abrir um espaço na mente para respirar e, talvez, ver e sentir o problema sob um ângulo menos difícil. Algumas vezes só explicar bem as coisas para alguém é tudo de que precisamos já que, algumas vezes, não há solução para nossa preocupação; portanto, trata-se mais de expressá-la para que nos permitamos nos soltar. Não devemos abafar nossas preocupações pois elas podem se enraizar e perturbar nossa mente; quando colocamos nossos problemas abertamente, descobrimos que podemos olhar para eles com uma nova perspectiva, impedindo a inquietação de nossa mente.

## Pratique compaixão

Hoje em dia, quando assistimos aos noticiários, vemos que não há muita alegria no mundo, e sim muito sofrimento. Mas a constante torrente de notícias ruins pode ter o efeito de nos insensibilizar ao sofrimento dos outros, pois nos sentimos indefesos e nos perguntamos como uma só pessoa poderia fazer diferença nesse cenário. Pensamos, por exemplo, que não é possível ajudar cada pessoa sem teto com que nos deparamos. E, assim, baixamos a cabeça e seguimos adiante. Não nos sentimos bem com isso: nos deixa desconfortáveis e, no fundo, gostaríamos de ser capazes de ajudar de algum modo.

Não é confortável sentir o sofrimento dos outros, mas, se nos permitirmos sentir essa dor, entraremos em contato com o núcleo de nossa natureza interior, que é a compaixão.

### Compartilhe seu amor e bondade

Pratique a generosidade todos os dias – faça elogios, se você for muito crítico, dê uma oportunidade para uma pessoa sem-teto já que sabe como é ter apego a dinheiro e sucesso. Praticar a generosidade de forma incondicional, mesmo com pequenos atos, é muito benéfico para a mente. É a prática de se soltar e de se desapegar. Na verdade, quanto mais bondade trouxermos ao mundo, mais estaremos abertos a recebê-la de volta.

Se você perceber algo que o fez feliz num determinado dia, compartilhe com os outros.

### Libere as frustrações do dia

Há um ditado que diz "não durma sem fazer as pazes com você mesmo", portanto, é necessário pacificar quaisquer sentimentos negativos que tivemos durante o dia. É por isso que passarmos alguns minutos contemplando nossa mente nos ajuda tanto, já que podemos reconhecer quaisquer dificuldades que tenham surgido, bem como analisar nossas reações. Não precisamos nos deter naquele sentimento negativo. Talvez ainda tenhamos que resolver a situação, mas não precisamos levar as emoções negativas para a cama ou acordar com elas pela manhã. Não precisamos desconsiderar a dor, mas podemos perceber que ela não precisa ficar fixada em nossa mente; temos a escolha de nos soltarmos dela.

### *Dormir*

Certa vez alguém perguntou a um mestre Zen, "Como é que se pratica o Zen?".

O mestre disse, "Quando se está com fome, se come; quando se está cansado, se dorme."

"Mas não é isso que todo mundo já faz?"

O mestre respondeu, "Não, não. A maioria das pessoas se entrega a mil desejos enquanto come e maquina mil planos enquanto dorme."

Uma boa-noite de sono é um incrível tônico restaurador para a mente. Quando cansada, a mente facilmente se estressa e fica tensa, desfocada e incerta quanto a que direção tomar ou a que escolha fazer. Quando estivermos cansados, não forcemos nossa mente demais; deixemos que ela descanse e se restaure. Se acordamos com a mente inquieta, remoendo as coisas repetidamente, devemos separar um tempo para meditarmos durante o dia. Isso encorajará nossa mente a se assentar melhor.

Muitas pessoas lutam contra o sono, mesmo quando têm dias tão ocupados em que suas mentes realmente precisam de uma folga. Mas se permitirmos que nossa mente vagueie por todo lado, o dia todo, fica difícil desligá-la quando deitamos para dormir. No silêncio da noite, os mesmos medos, preocupações, críticas e tentativas constantes de resolver problemas aparecem, e a tendência é que fiquem cada vez piores.

Assim como é bom manter presença mental ao fazermos uma refeição, também é sensato mantê-la quando vamos dormir. Para algumas pessoas é importante criar um ritual antes de ir para a cama, algo que ajude a mente a desacelerar e sinalize ao corpo que o sono está próximo – talvez beber uma reconfortante xícara de chá ou tomar um banho quente seja de grande utilidade. Para outros, fazer exercícios no início do dia induz a um sono mais pacífico, já que o corpo cansado leva a mente ao torpor. Mas se praticarmos alguns minutos de meditação todos os dias, estaremos treinando nossa mente com o objetivo de termos um sono mais tranquilo. É um método semelhante a contar ovelhinhas pois é muito saudável para distrair a mente para que possa ter seu descanso merecido.

## Uma boa noite de sono

*Terei sonhado voar por aí como uma borboleta, ou será que é a borboleta que ainda está sonhando que é Chuang Tzu?*

### O filósofo Chuang Tzu

Não importa quantas horas de sono tenhamos à noite. O importante é acordarmos renovados e prontos para o dia a nossa frente. Aqui vão algumas dicas para ajudar nosso sono:

• Gerenciarmos o estresse (ver pág. 166) é crucial para dormirmos bem. Fazermos atividades que apreciamos e que nos ajudarão a nos recolher à noite, como ouvir música, ler ou tomar um banho.

• A Meditação de Respiração Diária (ver pág. 75) à noite pode nos ajudar a relaxar tanto o corpo quanto a mente quando nos recolhemos algumas horas antes de dormir. Quando estamos na cama, é interessante visualizarmos um local ou paisagem bonitos, usando todos os sentidos – algo como caminhar na praia, ouvir o mar, sentir o cheiro do sal, perceber o sol sobre nosso rosto e a areia entre os dedos.

· Evite beber chá ou café com cafeína à noite porque são estimulantes; beba chás relaxantes.

· Quando ingerimos bebidas alcoólicas à noite, caímos facilmente no sono, mas acordamos no meio da noite e dormimos mal daí em diante. Para dormirmos bem à noite o melhor é evitar o álcool.

· O exercício físico à noite pode dificultar o sono. Procure, portanto, se exercitar de manhã cedo ou durante o dia.

· Para ter uma mente calma, tente dormir com presença mental – o quarto deve ser um local de sono, não de trabalho.

· Acorde todas as manhãs à mesma hora, mesmo que você tenha tido dificuldade de dormir à noite. Com o tempo isso ajuda a criar uma rotina de sono e, à medida que você fica mais cansado à noite, é provável que durma com mais facilidade. Pelo mesmo motivo, não tire sonecas durante o dia.

· Se possível, mantenha-se ativo durante o dia, tanto mental quanto fisicamente.

· Nos momentos antes de cair no sono, sua consciência fica entre dois mundos: o estado desperto e o sono. Separe alguns momentos para apreciar a vida e isso redundará em sentimentos positivos que seguirão pelo corpo e pela mente ao longo da noite. Você acordará renovado e qualquer semente de inspiração que você plantar certamente terá desenvolvido brotos verdes com a chegada do dia.

## Aprenda a identificar os sinais de inquietação

Muitas vezes a inquietude tem características próprias. Ao conhecermos e compreendermos nossa mente pelas meditações, e sendo mais conscientes ou cuidadosos com os pensamentos e emoções na vida cotidiana, seremos capazes de identificar nossos sinais de inquietação. Cuidarmos de nós dessa forma pode prevenir muito desconforto e infelicidade desnecessários.

Os sinais podem estar tanto em nosso corpo como em nossos pensamentos, fala e comportamento. Porém, em vez de seguirmos a espiral de inquietude, de forma que nos sintamos exaustos, estressados, ansiosos, infelizes e até deprimidos, seremos capazes de perceber o que está acontecendo desde o início, podendo, assim, provermos os cuidados necessários de que precisamos. Coisas difíceis acontecem: podemos sofrer com o luto da perda de uma pessoa amada, ou vermos nossas responsabilidades se empilharem, tornando-se um peso enorme, ou trabalharmos de forma frenética sem saber se conseguiremos prosseguir, ou se vamos sucumbir a essa lista cada vez maior de metas e tarefas a serem cumpridas.

Aqui estão alguns sinais a reparar:

· Sua mente está mais estreita? Você tem precisado decidir o que é mais importante porque não tem tempo suficiente ou energia para terminar suas obrigações? O que você está escolhendo? Se estiver sacrificando todas as coisas que lhe trazem alegria e relaxamento para passar todas as horas do dia trabalhando, como você se sente com isso? Está relaxado e pronto para qualquer tarefa, ou sente-se estressado e pressionado?

· Você está totalmente presente com seus amigos e família, ou a mente sempre divaga para outras questões? Você se preocupa com a reunião de amanhã ao ler uma história para sua filha à noite, ou volta da casa de um amigo sem ter conseguido conversar profundamente sobre qualquer coisa?

· Se você é um pai, sente culpa pela tentativa constante de fazer malabarismo entre a vida em casa e no trabalho?

· Você fica facilmente frustrado ou irritado com certas situações ou pessoas? Você está arrancando os cabelos diante das pessoas ou, por algum motivo, não consegue parar de reclamar?

· Você está deixando que os exercícios físicos, que o fazem se sentir tão bem, sejam postos de lado porque não consegue mais encontrar tempo para eles?

· Aqueles velhos pensamentos familiares sobre se você é ou não uma pessoa "boa o suficiente" voltam cada vez mais à mente?

· Você está comendo bem, ou a sua dieta está voltando a ser cheia de comidas prontas e pouco saudáveis porque sente-se estressado ou cansado demais para cozinhar?

· Você está ficando antissocial por achar necessário colocar toda a energia no trabalho?

· Você está se sentindo mais emotivo do que de costume?

· Você está começando a se sentir esquisito ou sentindo que sua vida não está equilibrada?

Você já é capaz de perceber como se sente quando a vida fica muito opressiva ou estressante. Também será capaz de ver ou sentir alguns desses sinais com apenas alguns minutos do exercício de Respiração Diária (ver pág. 75). A meditação de Autorreflexão (ver pág. 92) permitirá que você veja mais detalhadamente como sua mente está ficando inquieta, enquanto as meditações de Apreciação e de Contemplação da Mudança (ver págs. 85 e 89, respectivamente) lhe ajudarão a contemplar alguns desses sentimentos, impedindo que se enraízem ainda mais.

Existem coisas que nos desviam de nosso caminho, como certas pessoas ou situações que nos deixam aborrecidos, mas se pensarmos sobre o que faz nossa mente ficar inquieta a longo prazo, podemos chegar à conclusão de que os responsáveis são nossos próprios sentimentos e reações? Será que não é hora de tentarmos uma nova estratégia mental?

### *Descubra o que é realmente importante em sua vida*

Quando a mente fica inquieta, cansada ou chateada, é fácil perdermos nossa perspectiva diante da vida. Podemos sacrificar todas as coisas de que gostamos para realizar um projeto no trabalho, por exemplo. O medo do fracasso ou de não sermos reconhecidos como "bons" envolve tudo – é até mais poderoso que a alegria de colocar nossos filhos para dormir ou tomarmos um café com nosso melhor amigo.

Quando estamos no olho do furacão, é extremamente difícil dar um passo para trás e nos perguntar: é isso mesmo que queremos da vida? É esse o caminho para a felicidade? Mas se praticamos meditação quando nossa mente está descansada e estamos nos sentindo bem com relação à vida, aos poucos começamos a estabelecer hábitos mentais positivos que podem nos ajudar muito quando estivermos sob pressão.

### *Limpando o entulho da mente*

É fascinante percebermos como nosso estado mental pode ser observado ao apenas olharmos para o que está ao nosso redor. Quando olhamos para nossa mesa ou para as ferramentas que estamos prestes a utilizar num dia de trabalho, o que vemos? O caminho está desimpedido e limpo ou cheio de várias pecinhas e partes? Nossas posses, nossas "coisas" são um reflexo claro de nossas mentes. Gostamos de acumular e de nos apegar a tudo, por exemplo? Ou gostamos de fazer viagens até o centro de reciclagem ou ao brechó de caridade para abrir espaço para o novo? Ou nossas posses nos ajudam a nos sentir pacíficos, felizes ou contentes?

Uma limpeza de primavera é uma prática excelente para a mente serena, mas nem sempre para quem tem o coração fraco, já que entramos em cantos e caixas de papelão cheios de entulho abandonados por anos a fio. Da mesma forma que a meditação foi projetada para criar um senso de espaço na mente, limpar nossa desordem física pode ter um efeito positivo semelhante. O ato de dobrarmos as roupas direitinho parece criar um espaço que achávamos não ter. Retirar de nossa mesa todos os objetos que não são estritamente necessários nos permite prestar mais atenção naquela tarefa específica que precisamos fazer. Podemos respirar em nosso espaço, deixar as coisas fluírem de novo, em vez de nos prendermos a uma gama de coisas de que não precisamos de fato. No final das contas, elas estiveram naquela caixa de papelão por quanto tempo?

Quando fizermos uma limpeza de primavera, devemos ir direto aos cantos escondidos, mesmo que façamos isso apenas em um recinto ou até mesmo em uma gaveta de cada vez. Algumas coisas guardadas são quase como emoções: elas surgem da caixa e nos causam ansiedade ou negatividade, mas, em vez de olharmos para elas com calma, permitindo que se dissipem, as colocamos de volta na caixa. É tentador retirarmos os objetos apenas para recolocá-los no mesmo lugar, se não sabemos bem o que fazer com eles. Mas, dessa vez, por que não nos soltamos deles? O que realmente iremos perder?

Uma vez que tenhamos feito uma grande limpeza em nossos objetos guardados, da mesma forma, praticando a Respiração Diária ou a Presença Mental, podemos observar também nossas atitudes e emoções do dia a dia, em vez de deixá-las se acumular. Devemos fazer o mesmo com nossos pensamentos, pois se não prestamos atenção neles por muito tempo, chegará uma hora em que essa tarefa será muito cansativa.

Abrir um espaço físico tem o efeito instantâneo de criar uma sensação de paz de espírito. A calma entra no lugar do pânico e até mesmo o tempo parece se esticar. É interessante perceber que quando conseguimos estabelecer o foco em uma coisa de cada vez, como vestirmos um casaco ou usarmos uma xícara específica, recolocamos a arte da simplicidade em nossa vida, e nos soltarmos das amarras não parece mais uma coisa difícil ou ruim. Isso nos libera para nos engajarmos muito mais, realmente aproveitando o que temos, em vez de sempre buscarmos cada vez mais.

### Lavar pratos com presença mental

Podemos nos perguntar se uma limpeza pode mesmo ser uma prática de presença mental, mas quando estamos relaxados e presentes no momento, o ato de lavar pratos pode realmente ser um calmante, sendo apenas o que é. O melhor é lavarmos a louça à medida que as usamos ao invés de acumularmos pilhas de sujeira. Essa tarefa também é relevante para a mente. Quando estivermos lavando a louça, não devemos pensar nas outras tarefas que temos para fazer – apenas lavemos a louça.

### Entulho tecnológico

A tecnologia nos ofereceu uma oportunidade a mais de praticarmos nossas tendências de acumulação. Com a internet, as respostas para todas as nossas perguntas estão na ponta do dedo, mas acabamos tão cheios de informação e de questionamentos que, quando deveríamos estar degustando o jantar ou aproveitando uma caminhada no parque com um amigo, já não conseguimos estar presentes.

Além da sobrecarga de informação, também carregamos o fardo de sobrecarga de comunicação. As caixas de e-mail estão lotadas – pode ser que estejamos naquele ponto de ter que deletar e-mails diariamente só para abrir espaço para novas mensagens – e as mensagens de voz se acumulam tanto que nem ouvimos todas. Além disso, há todos os artigos interessantes e blogs que queremos ler e que arquivamos para mais tarde a um clique de distância. Os computadores têm tanta memória que acabamos guardando tudo "por via das dúvidas". Mas nossos sistemas de filtragem estão enlouquecidos e da mesma forma que perguntamos por que temos tantas sacolas plásticas guardadas, nos sentimos oprimidos com a caixa de entrada, e a vontade de organizá-la imediatamente produz um ligeiro pânico. Isso pode criar um ciclo negativo: nos preocupamos por não termos tempo para limpar o entulho, seja físico, tecnológico ou mental, mas deixá-lo acumulado é bem pior uma vez que nos sentimos sem espaço e sem foco. É como se nossa lista de afazeres estivesse nos cercando, com cada uma das tarefas competindo por nossa atenção, dizendo "agora eu, agora eu". Só que perdemos a capacidade de determinar o que é prioridade.

Até pouco tempo atrás nossa rede social era formada por três amigos com quem saíamos para beber no fim de semana, mas hoje em dia mantemos contato com centenas de amigos virtuais, colegas ou pessoas que nem mesmo encontramos. Ainda assim, o curioso é que embora seja uma ferramenta tão útil para a comunicação, muitas vezes usamos essa tecnologia como uma forma de *não* interagir, evitando conversas potencialmente embaraçosas, como convidar alguém para um encontro. Podemos enviar uma mensagem pelo Facebook, que é mais seguro para nossas emoções e para nosso ego, mas perdemos a experiência emocional do encontro – sem apreciarmos as lições que tais situações apresentam. Se nunca vivenciamos a rejeição, nunca aprendemos a nos erguer depois dela.

Para muitos, a tecnologia é uma fonte de inquietação. Ela não nos diz o que fazer, mas parece oferecer muitas escolhas. Ficamos sem saber se queremos WhatsApp, Facebook ou LinkedIn, temos todos eles porque não queremos ficar de fora.

Talvez possamos aplicar alguns aspectos da mente serena às mais modernas de todas as formas de distração mental. Se estamos nos esforçando para nos afinarmos com a desordem tecnológica, devemos pensar na meditação sobre a mudança: nada é fixo ou permanente em nossas vidas ou no mundo ao nosso redor, e, portanto, não precisamos ficar apegados demais às coisas. Da mesma forma que os chefes bem-sucedidos das grandes empresas não acumulam muitos objetos sobre suas mesas, as caixas de entrada de seus e-mails geralmente também estão vazias. Eles lidam com as coisas assim que elas aparecem, em vez de guardá-las para depois. E, então, seguem para outra questão, de forma que enquanto outros funcionários estão se ajeitando na mesa com um café, o chefe parece já ter terminado tudo! Embora seja verdade que eles têm enormes responsabilidades, conseguem não se apegar, o que é a chave de seu sucesso. Quando surge apego a resultados específicos, a angústia mental se estabelece mesmo nas pessoas mais bem-sucedidas. Isso ocorre quando o medo se infiltra e enrijece a flexibilidade costumeira de lidar com quaisquer altos e baixos do dia e ela, assim, fica mais vulnerável e fácil de quebrar.

Se conseguirmos limpar o entulho tecnológico, liberaremos nossa mente para que ela seja mais presente, em vez de nos preocupar com aquelas mensagens não respondidas, ou com aqueles artigos que não conseguimos ler. Separe um tempo para deletar as mensagens e se desapegar delas, nem que seja por alguns minutos no início ou no fim do dia. Os e-mails que recebemos hoje são aqueles com que vamos lidar aqui e agora. Se eles são de seis meses atrás, que importância realmente têm?

## Quando o estresse vence

O mundo moderno vê as desordens da mente (tais como o estresse crônico, a ansiedade e a depressão) se disseminarem cada vez mais. Hoje em dia o estresse como fator de risco para a saúde é mais preocupante que o tabaco, podendo contribuir para o aparecimento de doenças cardíacas, dores nos músculos, dores de cabeça crônicas, insônia, perda de peso e desordens digestivas como a SCI (síndrome do cólon irritável).

## Lutar ou fugir

Há uma parte da mente que ainda é muito primitiva e, em momentos de estresse, assume o controle do corpo, nos preparando para lutar ou para fugir. Essa resposta de fuga-ou-luta foi incrivelmente útil milhares de anos atrás, quando as pessoas se deparavam com ursos ou tigres e precisavam se defender. Nessas situações de estresse, uma dose de adrenalina passava pelo corpo e a capacidade de pensar e chegar às conclusões dos fatos era substituída por uma reação instantânea de defesa ou ataque.

No mundo moderno ainda experimentamos a resposta de fuga-ou-luta, mas geralmente isso ocorre em situações mentalmente estressantes e não físicas. Assim, se ficamos estressados – com uma reunião muito importante, com as crianças gritando no supermercado, ou ao ir para o hospital ou viajar a trabalho –, recebemos a mesma dose de adrenalina que nossos ancestrais recebiam ao se deparar com um tigre, e, como eles, sentimos uma necessidade intensa de lutar (se não fisicamente, verbalmente) ou fugir da situação (sair batendo a porta, por exemplo).

É em situações como essas que a mente serena é posta à prova, mesmo nas pessoas mais calmas. Para muitas pessoas a raiva ou a frustração preparam seu ataque rapidamente, tornando difícil seu controle. Podemos nos descobrir repentinamente chorosos ou com o corpo tenso. Podemos, também, ficar vermelhos de raiva à medida que o pensamento racional é abandonado.

Os cientistas dizem que o medo e a ansiedade não são a mesma coisa. O medo é a resposta a curto prazo a uma ameaça verdadeira, enquanto a ansiedade é a sensação que permanece por certo tempo após a ameaça cessar. A ansiedade é também o sentimento que vem quando nos preocupamos com coisas que ainda vão ocorrer ou que talvez nunca ocorram. O medo é uma resposta muito útil para alcançarmos a segurança imediata no presente, enquanto a ansiedade pode ser uma ressaca do passado, uma antecipação nervosa ou, ainda, uma expectativa perante o futuro. Podemos usá-la para nos manter em estado de alerta ou para ir além de nossa zona de conforto, mas, em geral, ela só atrapalha nossa vida.

Infelizmente sentimos o medo e a ansiedade de forma muito similar – é por isso que a ansiedade é tão desconfortável, afinal, ela aguça os sentidos enquanto estamos apenas sentados à mesa do escritório ou deitados na cama. Sentimos a ansiedade na boca do estômago e a mente começa a rodopiar: sua tendência ao exagero é infindável.

Mas o estresse e a ansiedade não são inerentemente maus. Eles vêm do nosso cérebro emocional, inconsciente, e, muitas vezes, um pouco de estresse é motivador, nos fazendo seguir em frente, nos permitindo entrar em contato com nossas emoções, em vez de sempre sermos dirigidos pelo intelecto. Descobrimo-nos capazes de cumprir prazos aparentemente impossíveis, apreciando a energia extra nos momentos em que realmente precisamos dela. E dentro da nossa ansiedade, muitas vezes, encontramos aspectos próprios da nossa pessoa que nos conferem sentido e propósito, revelando as coisas que realmente quereríamos fazer se conseguíssemos ser mais confiantes.

Porém, quando essas emoções assumem o controle e começam a ocorrer de modo excessivo, nossas mentes ficam inquietas e desconfortáveis, perdendo o senso natural de equilíbrio e ficando muito elétricas ou paralisadas. O fluxo dos pensamentos perde o ritmo, nos sentimos estranhos, sem rumo e incapazes de concluir as atividades. Nesse momento, começamos a perder a fé em nós mesmos e ficamos mais exigentes com os outros, já que nos tornamos mais inseguros quanto a nossas próprias capacidades de autoestimulação.

Os especialistas em estresse sugerem que observemos os seguintes fatores cruciais:

- Sentir-se continuamente sobrecarregado.
- Responder às situações de forma constantemente negativa.
- Reagir de forma exagerada perante o estressor.

Quando nos sentimos muito estressados parece que nossa mente está trabalhando contra nós. Reagimos exageradamente a situações que normalmente não nos trazem problemas, ficando difícil observar os fatos claramente ou tomar decisões. Sentimentos de medo e ansiedade surgem, criando uma corrente subjacente de desconforto e afetando nossos pensamentos. Fica difícil observarmos o lado positivo das coisas e, assim, não vemos saída.

### Quebrando o ciclo da mente estressada

É extremamente difícil lidarmos com o estresse quando ele atinge o nível crítico, quando estamos bem no meio dele. Mas se trabalharmos nossa mente nos momentos em que nos sentindo bem, isso nos dará muita força e resiliência durante os momentos mais desafiadores. Geralmente quando estamos num bom momento, é fácil ignorarmos a mente, já que tudo parece funcionar muito bem. Sentimos o espaço que é tão crucial para a mente serena, mas achamos que ele está sempre disponível. Porém, quando começamos a enfrentar dificuldades, percebemos que a mente não está feliz, e, sem qualquer preparação anterior, é fácil cairmos no padrão do estresse.

As Meditações de Contemplação contidas no Retiro da Mente (Parte Dois), em particular as meditações de Apreciação e Contemplação da Mudança, ajudam muito a treinar a mente, pois quando as situações estressantes surgem, somos capazes de lidar com elas no nosso ritmo. Mesmo que meditemos poucos minutos por dia, será possível perceber o que está acontecendo em nossa vida. Quando praticamos a Meditação de Apreciação, devemos perceber, em particular, o que está dando certo em nosso cotidiano, em contraposição ao que está dando errado. Quando contemplamos a mudança em todos os aspectos – aceitando que a incerteza é parte da vida e que a forma como reagimos depende só de nós – descobrimos que, com a prática, nossa capacidade de lidar bem com situações potencialmente estressantes aumenta e se desenvolve.

Uma das melhores formas de acalmar a mente estressada é através do corpo. Da mesma forma que o estresse afeta o corpo de forma negativa, é possível usá-lo para reduzir o estresse a níveis saudáveis. O exercício da Respiração Diária (ver pág. 75) é particularmente útil para reduzir o estresse, e quanto mais o praticamos, mais percebemos a possibilidade de diminuirmos sua intensidade.

Sempre é melhor treinarmos a mente antes que chegue um momento de crise, mas o Retiro da Mente funcionará em qualquer ocasião. Uma vez que nossas mentes são profundamente influenciadas pelos sentidos (o que ouvimos, tocamos e assim por diante), caso o estresse atinja um nível de crise, é recomendável que nos retiremos fisicamente do ambiente em questão. Isso não significa fugirmos da situação. Pelo contrário, é nos separarmos do ambiente perturbador para, num ambiente pacífico e com as ferramentas da meditação, sermos capazes de ver a situação de forma clara, sem ficarmos cegos pelas emoções ou pelo desconforto físico. Num ambiente mais relaxado é muito mais fácil encontrarmos uma solução para nossos problemas no espaço do estado natural da mente, com compaixão e compreensão.

*Com o que você está tão ocupado?*

*A natureza não se apressa e, ainda assim, realiza tudo.*

*Lao Tzu*

Quantas vezes falamos ou ouvimos alguém dizer "Estou com pressa"? Mas aonde estamos indo com tanta pressa? Por que sempre sentimos a necessidade de ficar tão ocupados, de nos sentirmos sem tempo? É ótimo ter tanta energia, mas, muitas vezes, a mente também se sente apressada pois acumulamos tantos afazeres na lista de tarefas que acabamos passando de um item para o outro sem darmos a atenção devida a qualquer um deles.

Alguns minutos diários de meditação podem ser muito benéficos para a mente apressada. Quando nosso foco e atenção se desenvolvem, nosso sentido de tempo se expande. À medida que contemplamos a vida, naturalmente começamos a perceber o que é importante, em detrimento de ocupações que só nos fazem correr, sem nos dar qualquer senso de conclusão. Quando analisamos bem, percebemos que temos tempo: é aquele que usamos vendo TV, olhando o Facebook ou fazendo todas aquelas perguntas ao Google. Sejamos bondosos conosco dizendo: "temos tempo". Tornemo-nos senhores de nós mesmos. Se acharmos que não há tempo livre em nosso dia, a meditação em grupo nos ajudará a fazer os exercícios da mente, tais como aqueles apresentados no Retiro da Mente (ver págs. 75-103).

São tantas as possibilidades nesse mundo moderno, que se estabeleceu uma sensação de tempo comprimido, algo que sempre parece estar contra nós. Por isso, quando chegamos ao fim do dia, olhamos para tudo que não conseguimos fazer, em vez de celebrarmos ou explorarmos o que já foi feito.

Esse assunto nos remete ao tema central deste livro: o de olharmos em que lugar estamos buscando felicidade em nossas vidas. Sucesso material, aprovação a nossos atos, realização do máximo de atividades de lazer e encontros sociais podem ser fatores coadjuvantes no que diz respeito à busca da felicidade e do contentamento, mas não são sua fonte. A razão por que nos engajamos em tantos compromissos num dia se resume, de certa forma, à maneira como encaramos a felicidade. Acreditamos que assumir todo aquele trabalho extra nos ajudará a nos sentirmos úteis ou importantes, e assim, ficaremos felizes. Se conseguirmos ver todos os amigos e familiares num único mês, nos sentiremos melhores quanto a nós mesmos e, portanto, felizes. Ou, quem sabe, aquelas cinco horas extras de trabalho façam finalmente com que nosso chefe repare o quanto estamos ocupados e o quanto somos úteis para ele, levando-o a nos ter em boa consideração e a nos sentirmos seguros e felizes.

O fato é que, enquanto preenchemos todo o tempo com essas atividades, buscamos a felicidade em fatores externos. Se, por outro lado, olharmos para dentro buscando felicidade, começaremos a gerenciar nosso tempo baseados no que é realmente importante; teremos menos atividades e nos concentraremos apenas no que estamos fazendo ou com quem estamos falando naquele exato momento.

### Esgotados pelas preocupações e pelo pensamento excessivo

*Se há algo que você pode fazer para resolver a situação, resolva-a; se não houver nada que você possa fazer, então não há por que se preocupar também.*

*Shanti deva, mestre indiano*

Muitas pessoas executam as atividades diárias muito bem – têm amigos e/ou família que as amam, um bom trabalho, uma boa vida. Mas, bem no fundo, há uma corrente de ansiedade e preocupação que permeia tudo: ainda estarei nesse emprego quando a recessão acabar? E se eu fizer algo muito errado? Será que ofendi fulana ao não convidá-la para meu aniversário? E se o carro não passar na inspeção de segurança? – preciso dele para ir ao trabalho e, nesse momento, não será possível comprar um novo...

As preocupações são hábitos da mente uma vez que podemos facilmente cair num padrão de ansiedade com relação aos acontecimentos; mesmo que não esperemos sempre pelo pior, é possível que essa ideia nos atormente. Preocupar-se é pensar demais, especialmente sobre as incertezas do futuro ou sobre como somos percebidos pelos outros. Podemos nos preocupar com um telefonema – mas, no fim, a pessoa só quer conversar ou perguntar algo simples. Preocupamo-nos, por bons motivos, com dinheiro, mas em vez de pensarmos bem e repousarmos no conhecimento de que não é possível controlar tudo e que não há como fazer mais do que já foi feito, ficamos nervosos com o que está fora de nosso controle, mesmo sabendo, no fundo, ser apenas um desperdício de energia mental.

Algumas pessoas se habituam a pensar no pior. Talvez algumas coisas ruins já tenham acontecido, e, portanto, esperar pelo pior é uma forma de evitar o desapontamento quando sonhos e esperanças não se realizam: se pensarmos que tudo vai dar errado, não teremos como nos desapontar. Mas a mente não funciona dessa maneira já que o pessimismo raramente leva a um sentido verdadeiro de felicidade. Podemos nos surpreender com algo bom acontecendo por um momento, mas o pessimismo subjacente ainda permanece, esperando para dar o próximo golpe. A mente pessimista projeta muros fortes ao nosso redor, bloqueando nossa visão e nos mantendo fechados quanto ao potencial da vida. Na busca por conforto no conhecimento de que as coisas não podem ser piores do que imaginamos, acabamos nos sentindo desapontados com nossa falta de coragem, fazendo brotar um desejo de ampliar nossos horizontes e, por que não, de darmos saltos no escuro.

Da mesma forma que muitas pessoas temem o que o futuro pode trazer, outras se prendem ao passado. Elas podem, por exemplo, se preocupar constantemente com coisas que disseram ou fizeram, se suas ações chatearam outras pessoas, ou se talvez elas mesmas não venham a sofrer por causa dessas ações. É possível também que elas sejam extremamente nostálgicas e achem que antes sua vida era bem melhor, e que, ao compará-la com o presente, sintam-se desapontadas.

Embora este livro seja dedicado à mente, este é um bom lugar para dizer que muitas pessoas sofrem por pensarem demais. Elas examinam cada conversa que tiveram momentos antes, no mesmo dia, semana ou até anos atrás e a analisam vez após vez. O problema é que geralmente apenas analisam sob seu próprio ponto de vista e, muitas vezes, se surpreendem e ficam confusas ao perceberem que outras pessoas podem ver a mesma situação de uma maneira bem diferente.

Em vez de tornar as coisas mais dolorosas com o pensamento e a imaginação, deveríamos relaxar e verificar o que é realmente possível fazer a respeito. Refletirmos sobre o porquê de estarmos nos causando tanto incômodo. Qual é o benefício desse estado mental?

### Ajudando a mente a desacelerar

*A tensão é quem você pensa que deveria ser.*
*O relaxamento é quem você é.*

*Provérbio chinês*

Hoje somos muito distraídos e apressados, tanto física como mentalmente, à medida que seguimos de um item para outro na agenda, ao voarmos de uma tarefa mental para outra. Como então podemos ajudar nossa mente a desacelerar?

- Se nos vemos, ocasional ou frequentemente, tomados pelas preocupações, as meditações do Retiro da Mente (ver Parte Dois) ajudam muito a recuperar um senso de perspectiva e espaço. As preocupações geralmente são pensamentos negativos que retornam vez após vez, seja sobre pequenos ou grandes problemas. Frequentemente elas nos fazem imaginar o pior, quando, na verdade, não sabemos qual será a conclusão de uma situação. É necessário separarmos um tempo do dia para praticarmos meditação, inspirando uma luz branca positiva, calma e confiante e expirando nossas preocupações como fumaça preta (ver pág. 77-78). À medida que fazemos as meditações da Apreciação e da Contemplação da Mudança (ver págs. 85 e 89, respectivamente), nossa mente será encorajada a ver o que prezamos e queremos cultivar na vida.

- Façamos menos. Pode ser difícil fazermos uma pausa por tempo suficiente a fim de pensarmos sobre o que estamos fazendo, mas, a longo prazo, abriremos mais tempo e espaço para focarmos nossa mente e aproveitarmos bem as coisas e pessoas que importam em nossa vida. Contemplemos o que é realmente importante hoje; escolhendo nossas prioridades e praticando dizer "não".

· Não precisamos livrar nossa mente de todas as distrações; pelo contrário, quando elas vaguearem por nossa mente, deixemo-las vaguear, sem nos prender muito a elas. Pode ser que algo que pensemos ser uma perturbação ou distração, na verdade, seja algo satisfatório, ao apenas nos colocarmos totalmente em sua presença no momento em que ocorre. Em vez de lutarmos contra a distração, devemos observá-la, não sendo absorvidos por ela.

· Soltarmo-nos da mania de observarmos tudo com detalhes ou do perfeccionismo, desacelerará a mente inquieta. Por que tentarmos ser algo que é impossível? Por que tentarmos chegar a um lugar que nos deixa imobilizados?

· Coloquemos um pouco de presença mental nas coisas simples do nosso dia e logo descobriremos que é possível nos recolocar no presente, em vez de sempre pensarmos em fatos que já aconteceram ou que ainda vão acontecer. Podemos sentar em silêncio com uma xícara de chá ou passarmos cinco minutos caminhando, observando a natureza ou a cidade ao nosso redor. É importante saborearmos a preparação de nossas refeições – nos detendo em cortar os legumes e até mesmo em lavar a louça! Pode haver beleza em cada tarefa e em cada momento se nos permitirmos percebê-la.

· Precisamos fazer uma coisa de cada vez, não pulando de uma tarefa para outra, enquanto pensamos sobre outras três.

## A reação da presença mental

O estresse é uma resposta que causa uma reação física e emocional quase instantânea no corpo (ver pág. 162).

Se só temos um momentinho do dia, como podemos evitar que se instale? Nem sempre seremos capazes de parar a resposta do estresse e, algumas vezes, há ótimas razões para isso, porque precisamos estar extremamente vigilantes em uma determinada situação ou usarmos nossos instintos de sobrevivência. Mas para situações cotidianas tais como um engarrafamento ou o atraso do ônibus, podemos aprender a reagir de uma forma mais relaxada. E, como tudo, é algo que com a prática se torna cada vez mais fácil.

### O engarrafamento

*A paz vem de dentro. Não a busque fora de si.*

*Buda*

Ficarmos presos num engarrafamento de trânsito ou mesmo numa fila longa é um desafio com o qual nossa mente serena se depara diariamente. O que acontece com nossa mente enquanto estamos sentados no carro ou esperando em pé com a sensação de não termos para onde ir? Talvez tenhamos começado o dia enfrentando situações difíceis e tudo parece piorar. Mesmo que tentemos esperar pacientemente, alguém vem e se atravessa em nosso caminho. Tentamos uma rota diferente, mudamos de fila e acabamos escolhendo uma opção pior do que a que começamos. Perdemos muito tempo na tentativa de chegarmos a nosso destino. Como consequência, entramos em pânico por nos atrasar: os ombros ficam tensionados, a respiração torna-se ofegante. Sentimo-nos frustrados tanto com o corpo quanto com a mente. Enquanto tudo isso acontece, a sensação de incômodo de que não é possível fazer nada a respeito está bem presente. E isso nos frustra ainda mais.

Agora olhemos novamente para essa realidade: "não é possível fazer nada a respeito". Isso acontece quando nos vemos impossibilitados de controlar as condições externas que nos fazem ficar presos no engarrafamento, vendo a fila ser furada, ou estarmos atrasados para aquela reunião. A única coisa que pode ser controlada é a forma como reagimos a essas situações. Os outros motoristas ou passageiros se importam com nosso atraso? Nossa raiva nos ajudará a nos sentir melhor, seja naquele momento ou depois quando chegarmos ao destino? Esse fato precisa estragar nosso dia inteiro? O mundo realmente está hoje contra nós? Esses são os fatores perante os quais temos controle, o que não quer dizer que não haverá frustração ao ficarmos horas no engarrafamento ou presos em um túnel. Mas, com a prática das meditações, podemos perceber que não é preciso nos deter na frustração ou alimentá-la. Podemos abrir um espaço para praticarmos a respiração ou, até mesmo, ao não dirigirmos tão colados ao carro da frente. Precisamos aceitar que algumas vezes as coisas não seguem de acordo com nossos planos. E também pensarmos como as pessoas podem ser compreensivas quando explicamos as situações desagradáveis por que passamos. Esses acontecimentos são comuns; portanto, precisamos também ser compreensivos conosco: não vamos conseguir fazer o tráfego desaparecer, chegaremos quando for possível para aquela reunião ou para pegar um avião – ou mesmo que venhamos a perdê-los –, a vida tem seu jeito de seguir em frente e, na maior parte do tempo, as coisas se resolvem, especialmente se permitimos que isso aconteça.

Devemos aprender a usar o corpo para acalmar a mente nos momentos de estresse. Podemos fazer isso nos voltando à respiração; ao examinarmos bem, notaremos que ela é a essência de toda a vida e a melhor forma de nos recolocar no presente. Ao nos focarmos na respiração, não só aliviaremos o calor do momento como também assentaremos nossas emoções. Não é preciso nos sentirmos mal por causa delas, podemos vê-las pelo que são. É humano nos sentirmos frustrados e querermos que as coisas se deem de outro modo, mas quando damos um pouco de espaço a essas emoções, perceberemos que, mesmo estando aborrecidos, não seremos capazes de fazer com que o ônibus apareça nem transformaremos nosso chefe na pessoa mais adorável da terra. À medida que nosso corpo se acalma pela respiração mais regular, muitas vezes a mente também se acalma. Portanto, mesmo que o estresse ou as emoções ainda estejam presentes, não terão a capacidade de nos esgotar.

Fazermos caminhadas muitas vezes têm o mesmo efeito; uns poucos minutos ao redor do quarteirão podem recolocar nossa mente num estado mais equilibrado. Essas ferramentas de contemplação e respiração da mente serena podem não resolver todos os problemas pois nada na vida é capaz disso. Mas elas podem afetar a maneira como reagimos aos desafios e como lidamos com eles, permitindo ou que nos derrubem ou nos dando a capacidade de reconhecermos que estamos fazendo o nosso melhor e nos dando uma folga.

*E quando achamos que não há saída?*

Há momentos na vida em que não só encaramos desafios ou os altos e baixos cotidianos, como também uma crise ou catástrofe – momentos em que sentimos uma bomba explodindo em nossa cabeça ou em nosso coração. Por mais que pareça que a mente jamais possa ser serena durante momentos como esses, ela pode nos ajudar a lidar com a crise ou até mesmo superá-la.

Em primeiro lugar, se não conseguimos ver saída para uma situação, precisamos buscar um tipo ajuda que seja útil ou confortável para nós. Pode ser ajuda profissional ou também podemos nos valer de amigos ou pessoas amadas em quem possamos buscar sabedoria e compaixão e que sejam capazes de ajudar nossa mente a ver os fatos com mais clareza. Não se trata de pessoas que sempre nos dizem o que queremos ouvir, nem daquelas que tentam impor suas visões. A pessoa certa para isso precisa saber ouvir, ver as coisas do ponto de vista do interlocutor e, gentilmente, apresentar caminhos positivos ao mesmo tempo. Pessoas que nos fazem sentir em paz de forma que consigamos navegar as águas turbulentas com um pouco mais de tranquilidade. Devemos pensar em quem poderiam ser essas pessoas em nossa vida. É bom contemplar esses relacionamentos uma vez que eles nos ajudam a encontrar o amigo sábio dentro de nós mesmos e mostrar compaixão a nossos próprios amigos quando eles precisarem.

Se praticarmos as meditações do Retiro da Mente (Parte Dois), veremos que se algo terrível realmente acontecer em nossa vida, estaremos mais bem equipados para lidar com essa situação. As meditações não foram projetadas para acabar com nossa tristeza ou aborrecimento. Com elas, ainda sentiremos todas as emoções profundamente, mas, aos poucos, desenvolveremos uma nova perspectiva sobre a vida que nos ajudará a ver o lado bom de qualquer situação, por menor que ele seja. Podemos reconhecer que nos soltarmos da dor não significa não senti-la, mas simplesmente que, se nos detivermos nela, passaremos por sofrimentos desnecessários. Perceberemos, também, que embora as situações difíceis pareçam não ter fim, em algum momento elas *vão* parecer um sonho.

O momento mais difícil para vermos uma saída é no auge da crise. Perder o trabalho, a casa ou um companheiro pode nos fazer sentir pânico, raiva ou várias outras emoções extremas que turvam nossa mente e dificultam ainda mais vermos o caminho à frente. Podemos pensar que para os monges, sentados nas montanhas, é tudo muito fácil, mas e quando o mundo real se volta contra nós e parece que perderemos tudo?

Espero que à medida que esse livro seja lido e que entendermos como é possível transformar nossa própria mente, o achemos útil – mesmo em situações muito difíceis. Nossa consciência cresce ao passo que observamos como nossa mente e nossas emoções flutuam durante o dia, e, talvez, comecemos a nos sentir menos apegados às emoções quando as situações não correrem perfeitamente, nos preocupando um pouco menos com o futuro e fazendo o melhor no presente. Talvez fiquemos menos críticos, ou não nos sintamos tão frustrados, à medida que desenvolvemos a apreciação, e ao reconhecermos que somos todos diferentes, ainda que similares, percebamos que essa constatação pode ser um fator positivo em nossas vidas.

Se nos apegarmos menos ao nosso trabalho ou a nossa casa, em vez de sentirmos sofrimento por perder essas coisas, poderemos ver o brilho das possibilidades. Podemos compreender que casas, trabalhos e pessoas vão e vêm em nossas vidas e que nem sempre conseguimos controlá-los. Em vez de sentirmos que é cedo demais para perdas, que não é justo ou nos perguntarmos por que coisas ruins acontecem com pessoas boas, podemos também buscar a lição potencial ou percebermos oportunidades positivas naquela ocorrência, focando nossa energia no cultivo de elementos bons até que eles se expandam e ajudem a equilibrar a vida novamente. De alguma forma, o fim é sempre um princípio.

## A mente serena no trabalho

A inquietude e a ansiedade na mente são muitas vezes desencadeadas pelo ambiente de trabalho. A pressão de sermos bem-sucedidos, de fazermos tudo certo e evitarmos a culpa muitas vezes permeia o lugar onde trabalhamos. Os limites do tempo e a realização de tudo que precisa ser feito são fatores que nos causam muita preocupação. Os relacionamentos de trabalho também podem causar ansiedade, especialmente quando há jogos de poder. Podemos sentir que nossos chefes ou colegas de trabalho estão sempre nos observando, ou que nosso sucesso na vida depende das decisões dessas pessoas. Há, também, ansiedades cotidianas relacionadas ao sucesso, ou não, de uma reunião ou telefonema, à reação das pessoas ao fazermos uma apresentação, ao fato de conseguirmos ou não completar as tarefas a tempo.

O trabalho pode ser uma fonte de grande alegria na vida. Podemos sentir que estamos realmente contribuindo, levando a atividade a sério ou criando algo com nossas próprias paixões ou habilidades pessoais. Nessas ocasiões o ego sente-se extremamente vulnerável. É importante estarmos cientes do ambiente em que trabalhamos. Infelizmente há lugares de trabalho onde a culpa faz parte da atmosfera, criando um medo subjacente de cometermos erros ao fazermos qualquer tarefa. Isso pode criar caos na mente, à medida que nos preocupamos constantemente se estamos agindo certo ou errado. Podemos continuar fazendo nossas tarefas diárias, mas passamos muito tempo à noite ou nos fins de semana nos preocupando com trabalho, com nosso status na empresa e com o que a gerência pode ou não estar pensando de nós.

Em muitos ambientes de trabalho há um forte sentimento de competição, encorajado para promover o melhor de cada funcionário. Isso parece funcionar muito bem, pelo menos em nível superficial. As pessoas trabalham duro para chegar ao primeiro lugar em vendas e receber a próxima promoção ou o maior bônus, mas essa corrente subjacente de competição pode ter um efeito negativo sobre a mente. Em vez de celebrar os esforços e sucessos dos colegas, nos preocupamos em comparar nossas próprias conquistas com as deles. Essa pressão constante pode se acumular, fazendo com que os níveis de estresse nunca voltem a um equilíbrio saudável e nossa saúde seja afetada, levando-nos a desenvolver tanto problemas para dormir quanto doenças cardíacas.

É compreensível que queiramos nos realizar no trabalho, receber reforços positivos e progredir em nossa carreira. Também faz sentido não escolhermos como amigos todos os nossos colegas de trabalho. Algumas vezes somos atirados em meio a pessoas que não fazem brotar o que temos de melhor, gente que não consideraríamos nossos gurus de sabedoria; mas, se pensarmos bem, o ambiente de trabalho pode ser um de nossos melhores professores, nos ensinando a apreciar mais a vida, a sermos mais pacientes e compassivos.

É interessante ver que no Butão, onde a felicidade é o principal objetivo do país como um todo, a cultura não é trabalhar longas jornadas, mas cultivar um equilíbrio entre a casa e a família. As pessoas têm bastante tempo para relaxar e ficar com suas famílias e amigos. Os salários podem não ser tão altos quanto em outros países, mas as pessoas parecem muito felizes em conseguir pagar o aluguel e ter o suficiente para viver, em vez de ficarem competindo cada vez mais. Essa é apenas a experiência cultural de um pequeno país, mas talvez, enquanto indivíduos, possamos aprender um pouco com ela e vermos o valor de uma vida equilibrada, em que não se sacrifica um setor da vida em nome do outro.

## *O poder da intenção*

Quando acreditamos que as coisas externas determinam nossa felicidade, colocamos foco nos resultados e não na intenção como força motivadora: um trabalho novo com um salário maior, uma namorada, um corpo mais magro, um tapinha nas costas durante o trabalho. Podemos, sim, alcançar esses objetivos, mas a felicidade que surge deles é apenas temporária. Encontramos a garota de nossos sonhos e ficamos tão felizes, tudo fica tão perfeito, mas, um dia, nem tudo está como gostaríamos que estivesse e nossa felicidade vai embora. Emagrecemos para as férias, mas detestamos todos os alimentos que comemos para chegar a esse ponto, voltando para nossa dieta usual e apenas nos sentindo culpados ao ganharmos o peso de volta. Ou, pior ainda, não conseguimos atingir nosso objetivo e nos sentimos chateados e desapontados conosco e com a vida.

Podemos pensar que sem metas, especialmente as relativas à carreira, nunca ultrapassaremos a zona de conforto para melhorar a vida, prover nossa família ou fazer grandes obras para os outros. Mas precisamos olhar para as *intenções* subjacentes a nossos objetivos e observá-las na vida cotidiana. Se começamos o dia com boas intenções, olhamos para dentro antes de olharmos para fora e, nesse processo, ficamos mais presentes no que fazemos hoje. Dessa forma nos envolvemos mais nas tarefas, em vez de pensarmos nelas como um trampolim para obtermos uma promoção, ou sermos mais bem-sucedidos que nosso colega. Pensarmos na tarefa em si nos ajuda a retornarmos ao presente.

Tome os exemplos usados de encontrar um trabalho com um salário maior, uma namorada, um corpo mais magro e elogios durante o trabalho. Todos eles podem ser motivados pela boa intenção, em vez de movidos pelo resultado. Portanto, em vez de vasculharmos os sites de empregos buscando os maiores salários, pensemos no trabalho que queremos fazer e como poderemos montar nosso currículo da forma mais interessante possível para que ele realmente reflita como gostaríamos de progredir na carreira. Ou em vez de imaginarmos uma namorada, pensemos na pessoa com quem gostaríamos de nos relacionar e, quando sairmos à noite com os amigos, levemos esse objetivo em mente. Em vez de apenas pensarmos em emagrecer, podemos mudar nossos hábitos alimentares ou nos exercitarmos para uma melhor saúde. Com relação ao desejo de receber elogios durante o trabalho – nossa intenção deve ser apenas a de fazermos um bom trabalho. Se recebermos ou não elogios, não importa – o que interessa é o trabalho que executamos.

Se conseguirmos fazer essa mudança em nossa vida cotidiana, nossa mente ficará agradecida. Quando nos orientamos para resultados, queremos controlar o que é impossível de ser controlado. E, novamente, tentaremos consertar os fatores externos, em vez de nos focar no que pode fazer diferença – isto é, em nossa intenção. Tudo o que acontecer em seguida será consequência de nossas verdadeiras intenções.

### *Esforço jubiloso*

Com nossas habilidades e talentos, em qualquer atividade sempre teremos oportunidade de ajudar as pessoas com nossas boas intenções, com trabalho agradável, ainda que possa ser difícil. Todos nós não merecemos realizar um trabalho de que gostamos?

O sentimento de estarmos contribuindo e fazendo um bom trabalho tem efeitos positivos em todos os aspectos de nossas vidas. Para que isso aconteça, precisamos ouvir nossa sabedoria interior com o objetivo de recuperarmos um sentido de trabalho prazeroso. Nossos egos podem querer troféus ou reconhecimento, mas nossas verdadeiras naturezas querem fazer um bom trabalho que nos dê satisfação. Queremos nos envolver na atividade, sorrir para os colegas e oferecer nossos talentos e habilidades para o mundo.

Muitas vezes não é o trabalho em si que nos deixa inquietos ou estressados, mas os fatores externos que se acumulam em torno dele. Muitas vezes é necessário lidar com pessoas muito diferentes, o que pode nos deixar frustrados ou com a sensação de sermos incompreendidos. Precisamos esperar que os outros tomem decisões, participar de reuniões que consideramos inócuas, onde nos sentimos desnecessários. A tecnologia não nos ajuda à medida que as mensagens se amontoam e conversas por e-mail ficam cada vez mais complicadas e difíceis de acompanhar. Muitas vezes somos interrompidos, sem conseguirmos completar qualquer serviço. Culpamos o ambiente de trabalho por nossa inquietação e pela incapacidade de nos focarmos em nossos afazeres, por não fazermos aquele telefonema, ou por passarmos o dia todo procrastinando algo em nossa lista de tarefas e, dessa maneira, fazemos muito pouco além de nos preocuparmos demasiadamente.

Portanto, pode ser de grande ajuda nos lembrarmos de voltar nossa atenção para dentro, em vez de persistirmos no hábito de olhar para fora a fim de verificarmos como nosso trabalho está caminhando, como pode ser melhorado ou se tornar fonte de alegria. Uma peruana que participou de um de meus retiros descreveu como havia usado alguns dos exercícios da mente serena em seu ofício. Ela possuía um trabalho muito interessante e que lhe dava satisfação, era designer de amostras no Museu de Machu Picchu, na cidade de Cuzco, nas montanhas dos Andes. Viajava por todo o país para saber de onde certos artefatos vinham e qual era seu contexto cultural. Como pertencia a um povo das montanhas, achava desafiador visitar culturas da floresta ou dos rios, algumas vezes só acessíveis com um barco pequeno, acompanhada apenas por um fotógrafo e um guia. Ela temia que os povos do rio agissem de forma defensiva ou tivessem ideias e costumes muito diferentes. Mas lhe veio o pensamento de que, na verdade, somos todos iguais: "Eles eram exatamente como eu, a mesma vontade de serem felizes e de não sofrerem." Esse simples pensamento diminuiu as preocupações com as diferenças culturais, criando uma ponte através da qual ela conseguiu se conectar com eles e melhorar seu trabalho. O fato de mudar um pouco a própria atitude produziu o efeito de suavizar seu relacionamento com as pessoas que encontrava.

### *O compromisso é libertador*

Já falamos muito a respeito de como nos agarramos fortemente aos apegos – sejam eles posses materiais ou relacionamentos – e como eles podem ser fonte de inquietude, nos fazendo gastar muito tempo nos preocupando com o que podemos perder, em vez de aproveitarmos o que temos hoje.

No entanto, libertar a mente da inquietude não é abandonar os compromissos. Quando nos comprometemos com algo com o coração e com a mente, nos libertamos para nos envolver realmente com aquilo. Somos o chefe, firmamos o compromisso. A responsabilidade é toda nossa. Mesmo quando pensamos não haver escolhas externas nessa vida, há escolhas que podem ser feitas em nossa mente. Compromissos são um tipo de escolha que se pode fazer dentro da própria mente.

Quando nos comprometemos, ficamos mais dedicados e diligentes quanto às tarefas que queremos realizar, nos tornando mais concentrados e focados no presente. Quando ouvimos nossa natureza interior, descobrindo o que é realmente importante em nossa vida, nos tornamos capazes de nos comprometer e de nos libertar de todos os "e se", "mas" e "talvez" que surgem quando não estamos prontos ou tememos o que poderá ou não acontecer no futuro. Não ficamos tão apegados a resultados específicos, nos comprometendo interiormente a fazermos tudo da melhor maneira possível. Não é possível controlar as pessoas ou o mundo ao nosso redor, mas podemos nos empenhar a fazer nossa parte – e esse compromisso pode ser muito edificante.

## Você pode ser feliz até com o chefe

Para muitas pessoas, a felicidade no trabalho pode ser definitiva! Como passamos boa parte de nossa vida trabalhando, ter um bom relacionamento com os colegas pode trazer muito alívio para a mente inquieta. Isso acontece, em particular, com o gerente ou o chefe, uma relação na qual o desequilíbrio de poder nos deixa preocupados, fazendo nos sentir vulneráveis. Nunca ficamos totalmente seguros em sua presença. E quando julgamos e criticamos sua maneira de agir, nossa mente torna-se mais desequilibrada e intranquila. Sentimo-nos frustrados pelo fato de nosso chefe ter mais responsabilidades e mais dinheiro, enquanto achamos ser capazes de fazer o trabalho melhor do que ele.

Contemplar os temas do apego, projeção e apreciação, tendo em vista nosso chefe, pode nos deixar mais relaxados e felizes no trabalho. Muitas vezes nos apegamos demais às palavras *dele*, sejam de elogio ou crítica, e acabamos julgando nosso desempenho através de suas reações, como um barômetro. Esquecemo-nos de que há muito a ser feito quanto aos nossos próprios sentimentos e também quanto àqueles que dedicamos a *nosso* chefe; é necessário decidir se continuamos reagindo às pressões ou expectativas ou se seguimos felizes com o fluxo da atividade. Um dia nos sentimos agraciados por recebermos elogios, mas, no outro, ficamos arrasados quando os olhos do chefe saltam sobre um erro que cometemos. Sentimo-nos inseguros quanto à nossa real competência porque esquecemos de ser confiantes e autossuficientes em nossa aplicação a cada dia de trabalho.

É uma boa ideia lembrar que somos só seres humanos, mesmo ao trabalharmos! Somos todos especiais e, ao mesmo tempo, não somos tão especiais. É fácil nos prendermos às lutas de poder que estão presentes no ambiente de trabalho; se reconhecemos que essa situação nos deixa ansiosos ou agitados por sermos levados a competir e a nos comparar com o outro, diminuindo nossa autoconfiança, precisamos ter coragem de ousar e sermos diferentes. Observemos a batalha de egos de longe, permanecendo verdadeiros de acordo com nossa natureza interior.

## *Procrastinação*

Por que algumas vezes nos distraímos tão facilmente no trabalho que estamos fazendo? Podemos passar um dia inteiro pensando em dar um telefonema sem nunca chegarmos a fazê-lo. Convencemo-nos de que ninguém quer receber uma ligação pela manhã, esperamos e nos ocupamos com outra tarefa, mas nossa mente permanece com metade da atenção na chamada que precisamos fazer. Algumas horas se passam, não fazemos a ligação, esperamos mais um pouco e encontramos outra tarefa para fazer, sem, contudo, conseguirmos nos focar adequadamente nela. Enfim, deixamos a tarde passar, achamos que está tarde demais para ligar, postergando o telefonema para o dia seguinte.

Cumprir prazos revela tanto o que temos de pior quanto o que temos de melhor. Temos um mês para fazer um relatório, passamos três semanas pensando que realmente deveríamos começá-lo e, quando faltam três dias para o mês acabar, trabalhamos feito loucos para terminá-lo dentro do prazo. Perguntamo-nos por que deixamos para tão tarde, perdendo tanto tempo sem fazer nada. Perguntamo-nos também o que mais conseguiríamos fazer se simplesmente usássemos bem o tempo.

· A Meditação da Apreciação (ver pág. 85) é muito útil para começarmos o dia de forma mais ativa e energética. Apreciar as coisas boas da vida é muito motivador. Não precisamos chegar ao ponto de dizer: 'como somos afortunados por termos essa tarefa', mas nutrimos uma apreciação pelos aspectos positivos do trabalho, em vez de nos focarmos nos itens que nos incomodam. Também podemos adaptar esse tipo de meditação para o início do dia de trabalho. Quando procrastinamos tarefas, pequenas sementes de negatividade se desenvolvem em nossa mente, tornando a situação ainda pior. Postergamos aquele telefonema, que imaginamos poder não ser bem-sucedido ou nos preocupamos com que o relatório não atinja determinado padrão de qualidade. Mas podemos usar nossas mentes para colocar esses pensamentos em outra direção; podemos dizer: vou sorrir imaginando a pessoa no outro lado da linha, serei amável com ela e seguirei em frente. Ou que vamos realmente nos ater àquele relatório hoje, descobrindo que ele pode ser brilhante e que todos poderão aprender com ele.

· Fazer algo diferente pode romper o hábito da procrastinação, da mesma forma que ajuda na ruptura de qualquer tipo de hábito. Tente sentar em outro lugar, sem distrações como seu telefone ou sua caixa de e-mails, sem sentir-se pressionado para terminar nada.

· Foque-se em fazer bem uma única coisa, em vez de pensar sobre cinco tarefas diferentes, sem nunca começá-las. Nossas mentes tentam lidar com todas as ocupações ao mesmo tempo, mas, na realidade, só conseguimos fazer uma coisa de cada vez. Mesmo que digamos que somos "multitarefa", fazemos sempre só uma coisa, mesmo que seja nos mover entre os pratos para deixá-los todos girando. E, quando estamos girando pratos, passamos a maior parte do tempo correndo de um para outro, desperdiçando tempo e energia mental, trocando uma tarefa por outra constantemente.

· Por mais longa que a lista de tarefas seja, escolha uma delas para executar no início do dia e comprometa-se a terminá-la, colocando as restantes de lado. Mesmo que seja um telefonema muito importante que esteja sendo postergado, faça-o hoje, e sua mente inquieta vai respirar de novo. Solte-se da ideia de terminar tudo no mesmo dia e se surpreenderá com quanto você consegue realizar uma vez que sua mente encontra espaço para trabalhar.

*Reuniões*

Reuniões podem ser muito criativas e motivadoras, mas também podem ser bem estressantes, tediosas ou parecer uma perda de tempo. Manter uma mente serena e focada ao longo de uma reunião inteira pode ser um desafio. É fácil deixarmos a mente vagar, não estarmos realmente presentes. Mas embora possamos não ter muito a dizer numa reunião, pode ser uma ocasião muito propícia para praticar nossas habilidades de observação e de ouvirmos com atenção. Podemos decidir ser generosos com nosso tempo e realmente prestarmos atenção nos colegas, apoiando-os em suas ideias, caso gostemos delas, ou simplesmente tomando notas sobre o andamento do projeto. Se deixamos a mente vagar por todo lado, perdemos o que está acontecendo no presente e não conseguimos fazer algo com nossas próprias mentes.

Em cada momento da vida sempre há algo proveitoso. Podemos odiar a irrelevância por acharmos que é perda de tempo precioso, mas as coisas que são aparentemente irrelevantes podem ser grandes professoras. Podemos ouvir como um colega de outro departamento realiza um trabalho e perceber que os métodos podem muito bem ser aplicados a nossas próprias tarefas. Se ouvimos com atenção, podemos apreciar as ideias de um colega como nunca havíamos feito antes. E algumas vezes podemos apenas ficar presentes na reunião, aproveitando o que for possível.

*O que é o tédio? Como podemos evitá-lo?*

Quando perdemos a alegria com nosso esforço, facilmente nos entediamos. Em vez de ficarmos presentes com a tarefa que temos em mãos, nos distraímos, sem foco, sempre buscando pela próxima. O tédio surge porque não somos capazes de relaxar no estado natural de nossa mente, precisando de distração e entretenimento constantes. Na hora em que sentimos o tédio surgindo, nossa reação geralmente é a de ficamos mais agitados, tanto em corpo quanto em mente. Essa reação está ligada à percepção de que nossas alegrias e dores vêm de fontes externas que sempre nos fazem buscar por algo sem que saibamos exatamente o quê.

Além de praticarmos o exercício da Respiração Diária (pág. 75), precisamos observar a natureza da mente entediada. O que ela é? De onde ela vem? Não estava entediado ontem, por que estou hoje? As coisas mudaram ou minha percepção mudou?

*Acalme-se*

Quando fazemos uma entrevista de trabalho, realizamos um telefonema importante ou uma apresentação, o nervosismo pode deixar nossas mentes muito agitadas e desconfortáveis. A maioria de nós não se importa com essa sensação quando ela não é frequente, ou se temos a sorte de sabermos lidar com o nervosismo, mas, se nos sentimos paralisados com ele, ou queremos aliviar um pouco a tensão que nos causa, devemos lançar mão de algumas ferramentas-chave extremamente eficazes para treinarmos a mente.

Trazermos o foco de volta à respiração relaxará nosso corpo e distrairá nossa mente de todos os pensamentos nervosos. Devemos retornar ao momento presente e entrar em contato com o ambiente ao redor, em vez de nos prendermos em pensamentos ansiosos como "e se isso ou aquilo acontecer?".

Por exemplo, se estivermos numa entrevista de trabalho, devemos parar de analisar as próprias respostas, preocupando-nos com o que acabamos de dizer ou com o que o entrevistador perguntará em seguida. Tentemos voltar ao momento, percebendo que estamos apenas falando com uma pessoa. Precisamos pausar, respirar calmamente e ouvir. Ao verificarmos que a entrevista é uma via de duas mãos, podemos nos conectar com a pessoa que nos entrevista e até apreciarmos a experiência. No final das contas, entrevistador e entrevistado podem ter muito em comum, podendo ser uma conversa muito interessante. Devemos falar com o coração, sem nos importarmos se conseguiremos ou não o trabalho. Não há como errar tendo a honestidade como ferramenta, já que ela é visível também ao outro – evitemos representar algum tipo de papel ou nos preocupar apenas com os aspectos técnicos da entrevista.

## *Encontrando um lugar quieto para trabalhar*

As técnicas de meditação podem ser usadas até mesmo nos ambientes mais agitados, tais como uma loja ou vagão de trem muito cheio, mas se pudermos escolher um local silencioso e calmo, os efeitos serão ainda mais fortes. Sairmos de ambientes tensos é útil para liberar a agitação em nossas mentes. Quando abrimos esse espaço físico, abrimos também o espaço mental com a finalidade de darmos uma pausa para reflexão e observação de nossos sentimentos; quando nos isolamos naquele momento para observarmos nossa mente e nos tornarmos mais conscientes, ficamos menos assolados pelos pensamentos e emoções que porventura surjam.

Se, no entanto, não for possível ficarmos sozinhos no trabalho para acalmarmos os pensamentos, ainda assim devemos fazer o exercício da Respiração Diária (ver pág. 75) para desacelerarmos a mente por alguns minutos e nos recolocarmos em nosso corpo, especialmente quando sentimos as emoções ou palavras negativas borbulhando na superfície.

Durante minhas viagens encontrei muitas pessoas que trabalham em locais onde há muita gente; empresas, instituições de caridade como a organização Live to Love,[2] hospitais, repartições públicas etc. Frequentemente essas pessoas me dizem que há duas mensagens principais que as ajudam a se sentir melhor no dia a dia, não importa quão estressante seja seu trabalho. A primeira é compreender que *não somos capazes de controlar todos os resultados*. Há pessoas demais e muitas outras condições envolvidas, de forma que não podemos nos sentir bem se tentarmos afetar o resultado de todas as decisões na empresa. A segunda mensagem está relacionada à primeira, não sermos orientados para resultados, mas para a motivação. Sempre é bom mantermos o foco na intenção e sabermos que, no fim do dia, tentamos fazer nosso melhor, não importa o resultado. Dessa forma podemos cuidar de nossa mente serena e colocar nossas energias para trabalhar, em vez de nos focarmos nas preocupações.

## *A decisão serena*

As escolhas que fazemos são todas pontos de impulso em nosso caminho. Algumas vezes nos debatemos sem saber se estamos fazendo a escolha certa ou errada, mas não há certo ou errado e cada passo que damos torna-se parte de nossa experiência e aprendizado. Ainda assim, devemos considerar bem nossas escolhas, ouvindo tanto a mente racional quanto o coração.

Sua Santidade Gyalwang Drukpa tem uma filosofia brilhante – tentar ser "espontâneo e bem preparado". É um maravilhoso con-

---

2 Nota do editor: A *Live to Love* é uma rede internacional de organizações sem fins lucrativos dedicada à criação de soluções duradouras para os atuais problemas do mundo. Para mais informações: www.livetolove.com.br

selho para a vida, especialmente para tomarmos decisões, pois se formos tão espontâneos quanto bem preparados, utilizaremos essas duas partes preciosas da mente em harmonia – nossas emoções e nosso intelecto. Então fazemos nossa pesquisa, olhamos para a decisão sob todos os ângulos, mas também nos permitimos *sentir* a decisão e, algumas vezes, simplesmente saltamos com ela.

Devemos utilizar todos os sentidos para estimular nossos pensamentos e emoções. Podemos fazer um bule de nosso chá favorito para ficarmos num estado mental relaxado e feliz. O ideal é estarmos calmos antes de tomar decisões. Consideremos as escolhas sob diversos ângulos e perspectivas, não nos fixando em nossas próprias ideias e sem tentarmos examinar resultados futuros. Consultemos as pessoas em nossa vida que se conectam bem com nossa natureza interior e que nos ajudam a encontrar nosso rumo. São as pessoas que nos ouvem com atenção e que nos encorajam a tomarmos uma decisão, em vez de nos empurrar fortemente numa direção ou noutra.

Reflitamos novamente sobre o fato de nos levarmos pela intenção e ficarmos abertos a qualquer resultado que possa ocorrer. Muitas vezes as melhores experiências na vida vêm das situações mais inesperadas. As coisas nem sempre funcionam de acordo com os planos e é por isso que a vida é tão rica e fascinante.

> *Existe a crença de que ir para um local alto, se possível, nos ajuda a tomar decisões, e que também é bom para a meditação de forma geral. Isso ocorre porque temos uma visão melhor do mundo, conseguimos ver mais o que está à nossa frente, tanto física quanto mentalmente (ver pág. 74).*

## Uma mente presente, plena de amor

*O pensamento se manifesta como a palavra. A palavra se manifesta como a ação. A ação se desenvolve como hábito. E o hábito se solidifica no caráter. Então observe com cuidado o pensamento e os trejeitos do pensamento. E faça-os vir do amor.*

*Buda*

A principal finalidade da mente serena é ter mais espaço e capacidade para amar, permitir que nos importemos profundamente com os outros e, desse modo, vivermos de acordo com esse sentimento. Se nos soltarmos do forte apego que temos e de nossa visão de como as pessoas ou coisas devam ser, poderemos ser ainda mais generosos com nosso amor – um amor que não exige bilhetes de agradecimento, mas pelo qual somos gratos todos os dias. Esse tipo de amor traz equilíbrio para nossas vidas, é cheio de paz. Ele é generoso com os outros pelo modo que pensamos, falamos e agimos. É um hábito muito bom de se ter. Os budistas falam do amor de uma mãe pelo seu filho único como o melhor exemplo de amor sem apego. Não há condições. Mesmo quando não concordam com o que fazemos, mesmo se algumas vezes parecem nem querer nosso amor, ele permanece ali.

Esse tipo de amor – que podemos adaptar a todos os relacionamentos – é muito nutritivo de forma geral, seja dentro da família, no trabalho ou mesmo quando estamos numa fila de espera por um café. Com o tempo até percebemos uma mudança naqueles a nosso redor como resultado de nossa mudança interior.

Um dos maiores obstáculos ao amor é a frustração. Enchemos a nós mesmos e as pessoas que amamos com expectativas de como deveríamos nos portar nos relacionamentos – como parceiro, pai, mãe, filho, irmã ou irmão. Agarramo-nos fortemente ao modo que queremos que as coisas se deem, tentando arranjar o mundo ao nosso redor, inclusive os relacionamentos, de uma forma determinada. Queremos ser respeitados, admirados constantemente. Mas isso nos dispõe a muita inquietação quando, inevitavelmente, as pessoas nem sempre agem ou falam como gostaríamos.

### Amor em família

*Uma família é um lugar onde as mentes se encontram. Se essas mentes amam umas às outras, a casa será bela como um jardim. Mas se essas mentes não estão em harmonia umas com as outras, é como uma tempestade que causa vastos estragos no jardim.*

Buda

É natural querermos o melhor para os seres amados, termos orgulho de suas conquistas e protegê-los. Mas quando nos apegamos a nossas expectativas, ficamos muito fixados e rígidos quanto ao que achamos que é melhor para eles; por isso frequentemente nos desapontamos ou nos sentimos frustrados quando as outras pessoas não se portam de acordo com nossos planos. Querermos ser um guia, protetor e mentor para as pessoas que amamos é o motivo pelo qual sobrevivemos e crescemos como seres humanos. A chave, talvez, seja tentarmos fazer isso do fundo de nosso coração compassivo, de nossa natureza interior, em vez de agirmos de acordo com nosso ego. Devemos encorajar e deixar espaço para que nossa família seja como é, ouvirmos quando quiserem nos dizer algo, não julgando nem criticando, apenas oferecendo felicidade sempre e da forma que pudermos.

    Não tenho filhos, mas combinando o que aprendi com meus professores espirituais e com o que observei na minha vida, percebo que a coisa mais importante é criarmos nossos filhos com amor, compreensão e sabedoria, e tentarmos fazer o melhor para criar condições favoráveis para eles na vida. E, ao mesmo tempo, é importante reconhecermos que não somos capazes de controlar seus destinos. Temos que lembrar que, embora nos sintamos indispensáveis para o mundo de forma geral e para nossos filhos em particular, na verdade a vida continuará sem nossa presença, da mesma forma que ocorreu quando nossos próprios pais não estiveram mais presentes, ou quando tantos grandes seres do passado se foram. Há um ditado tibetano que diz que todos os filhos vêm com seus próprios quinhões de felicidade e sofrimento e que, embora os pais possam ajudá-los, somente eles mesmos podem transformar suas vidas. Portanto, como pais deveríamos fazer o melhor com amor e sabedoria e sentirmos satisfação pelo que fazemos; mas, ao mesmo tempo, temos que entender que controlar o destino dos outros é impossível.

## Quando as responsabilidades nos derrubam

Há momentos em que carregamos nossas responsabilidades como fardos, pesando em nossas mentes. Isso ocorre quando deixamos de apreciar a preciosidade da vida, bem quando perdemos a sensação de nos reconhecermos como afortunados.

É verdade que algumas vezes a vida é muito desafiadora e que fazemos coisas pelo bem dos outros que não nos deixam muito felizes, como nos arrastar para o trabalho todos os dias para sustentar a família, por exemplo. E, nesses momentos, as meditações de Apreciação e Contemplação da Mudança (ver págs. 85 e 89, respectivamente) nos ajudam a ficarmos presentes no que realmente importa na vida, nos fornecendo a motivação e o impulso para cultivarmos o equilíbrio, em vez de permitir que acontecimentos menos desejáveis tomem conta de nossa vida, afetando-nos de um modo geral.

Nem sempre conseguimos controlar o que acontece em nosso trabalho, ou se nossa família vai apreciar o que fazemos por ela todos os dias, mas podemos ter controle sobre onde colocamos nossa atenção: podemos sustentar nossa família com amor incondicional porque é com ela que compartilhamos os momentos mais felizes. Não queremos carregar nossas responsabilidades como fardos pesados, que fazem nosso coração ficar oprimido, restringindo nossa energia em vez de deixá-la fluir livremente. Essa responsabilidade é só nossa – não precisamos depender dos outros para obtermos a própria liberdade.

### Amor e desejo

Se temos consciência da natureza de nosso apego no que diz respeito ao desejo e a relacionamentos amorosos, será possível buscarmos ajuda em nós mesmos quando nossas mentes estiverem passando por dificuldades, ou estivermos lidando com nossos próprios obstáculos.

Pense nos "jogos mentais" que fazemos em relacionamentos quando perdemos a confiança, respeito mútuo, compaixão e bondade. Isso pode ocorrer devido a algum gatilho específico ou porque a comunicação simplesmente se desgastou com o tempo. Por essa razão nos vemos presos em pensamentos negativos que alimentam nossa ação e nosso modo de falar com nosso parceiro. Podemos nos perguntar se o amor acabou e, frequentemente, acabamos dizendo ou fazendo qualquer coisa para chamar atenção. Contamos a nosso parceiro sobre as outras pessoas que nos dão atenção, ou passamos a prestar mais atenção nelas. Podemos ficar irritados com pequenos hábitos de nosso parceiro que nunca nos incomodaram, mas de uma hora para outra se tornam insuportáveis.

No início de um relacionamento apreciamos as características de nosso parceiro sem nem pensarmos muito a respeito delas; não conseguimos acreditar que essa pessoa fantástica tenha nos escolhido, achando que temos muita sorte por ter encontrado esse amor. Mas da mesma forma é fácil começarmos a perceber que os relacionamentos não são tão garantidos, esquecendo-nos da gratidão que uma vez tivemos por ter encontrado essa pessoa.

À medida que praticamos a Meditação de Apreciação (ver pág. 85) por alguns minutos todos os dias, podemos redescobrir uma gratidão profunda pelo amor de nosso companheiro e também pelo afeto com que o retribuímos. Quando contemplamos a natureza da mudança (ver pág. 89), reconhecemos que a impermanência não é algo tão ruim: ela apenas abre novas oportunidades e possibilidades tanto para nós, como indivíduos, quanto para nossos relacionamentos.

Todos os dias trazemos nossas próprias experiências e pensamentos para nossos relacionamentos; eles navegam nas ondas, nos altos e baixos da vida de duas pessoas. Não é surpresa que, ocasionalmente, estejam sujeitos a momentos tensos. O que perturba nossa felicidade nos relacionamentos muitas vezes está relacionado com a parte exterior de nossos egos, dependendo da forma como tentamos buscar felicidade: dentro ou fora de nós mesmos. Da mesma forma que temos padrões e hábitos de pensamento, construídos ao longo de nossas vidas, também temos crenças estabelecidas na forma de pensar os relacionamentos. Podemos, por exemplo, acreditar que em algum momento seremos abandonados por nosso companheiro, de forma que mesmo que o relacionamento esteja bom, começamos a sabotá-lo, à medida que nossos pensamentos negativos se agarram às nuvens escuras por que naturalmente passamos, impedindo-nos de perceber todo o céu aberto entre essas experiências. Podemos ter sido machucados no passado, por isso achamos difícil confiar no parceiro, começamos a questionar seus movimentos ou ficamos mais apegados a ele.

Podemos também carregar em nossos relacionamentos crenças muito fortes sobre como os outros devem ser, por isso ficamos frustrados quando nosso parceiro mostra comportamentos de que "não gostamos". É por isso que pode ajudar tanto, ao praticarmos as meditações de contemplação, lembrar que somos todos diferentes, ainda que, em outro sentido, também sejamos iguais (ver págs. 80-99). Temos formas de ver e de ser particulares, construídas ao longo de nossas experiências na vida, mas o que todos queremos é ser felizes, amados e amar. Tudo poderá ficar mais fácil se abandonarmos nossos hábitos de controlar o modo de ser dos outros, especialmente daquela pessoa que é mais próxima a nós; podemos apreciar nosso relacionamento ainda mais, passarmos menos tempo olhando para o futuro e nos preocupando com coisas que podem dar errado. Os relacionamentos também podem não funcionar e, ao mesmo tempo que não devemos ignorar nossos pensamentos mais profundos sobre o estado das coisas, ou o tentarmos manter quando está indo muito mal, não devemos nos sabotar quando tudo corre bem.

> *Acordar na aurora com o coração alado e agradecer por um novo dia de amor; Descansar ao meio-dia e meditar sobre o êxtase do amor; Voltar para casa à noitinha, com gratidão; E adormecer com uma prece no coração pelo ser amado, e com uma canção de louvor aos lábios.*
>
> *Kahlil Gibran, O Profeta*

*Mantendo a calma com as pessoas que nos deixam furiosos*

> *As brigas não durariam muito se só um dos lados estivesse errado.*
>
> *François de La Rochefoucauld*

À medida que treinamos nossas mentes e começamos a nos sentir mais calmos e repousados, naturalmente desenvolvemos compaixão e consideração pelos outros. Essa é a inteligência emocional que nos permite olhar de fora de nossas mentes e nos colocar no lugar de outra pessoa, mesmo quando ela nos deixa irritados. Ainda podemos discordar completamente dela, mas fizemos o melhor para ver as coisas sob sua perspectiva, e também para compreender que não há visão "certa" ou "errada". Mesmo que nos deixe furiosos, podemos ir adiante, usando a experiência como uma lição de que a visão correta não existe.

Para as pessoas que nos criam dificuldades, precisamos explicar com bondade nosso ponto de vista, enquanto tentamos compreender o delas. Sejamos ainda mais bondosos com nós mesmos internamente. Nunca mudaremos a mente de ninguém através de palavras ou atos violentos. E, algumas vezes, temos que perceber que não há nada que possamos fazer para que alguém goste de nós, mas ainda assim podemos ser bondosos em pensamentos, palavras e ações porque a única pessoa que sofre com nossa frustração e desapontamento, nosso apego de sermos sempre vitoriosos, somos nós mesmos. Pessoas diferentes olham para o mundo de formas diferentes. E mesmo que tentemos construir uma ponte entre essas diversas visões, há algumas pessoas que nunca virão ao encontro de nossos pontos de vista.

*Estratégias para lidar com pessoas difíceis*

· Não entre num jogo de pingue-pongue com as pessoas difíceis, um jogo em que cada um dos dois faz surgir o que há de pior no outro; uma mágoa seguindo a próxima. Não tema se distanciar e, ao mesmo tempo, se pergunte: quando fico com raiva, isso me deixa feliz? Por que estou provocando meu próprio sofrimento?

· Quando ficamos cientes dos defeitos dos outros, percebemos que, muitas vezes, são aqueles que vemos em nós mesmos. Portanto, se estiver sendo muito crítico em relação a outra pessoa, investigue suas emoções e verifique a situação por si mesmo através das meditações de contemplação (ver págs. 88-99).

· Quando estiver calmo e pensando positivamente, olhe para uma foto da pessoa que o magoou e tente compreender a situação. Se você foi traído, talvez não seja capaz de perdoar imediatamente por causa da raiva. Mas tente pensar calmamente sobre o que aconteceu e assegure-se de estar realmente escolhendo os passos que o protejam para que isso não aconteça de novo. Tente, gentilmente, soltar a raiva para que possa ter paz de espírito, uma vez que não conseguimos realizar atos positivos quando estamos chateados.

O Buda disse que "o caminho está no coração". Uma vida feliz é uma vida plena de amor. Quando nos permitimos pensar, falar e agir com nossos corações, tornamo-nos mais generosos, menos apegados, mais tolerantes e pacientes com os outros e com nós mesmos. Não ignoramos o sofrimento dos outros, mas nos permitimos senti-lo. Não há problema em perguntarmos o que podemos fazer para ajudar. Todas essas atitudes são aspectos da mente serena. Paramos de colocar tanta pressão sobre nós mesmos ou sobre os outros para que sigam um determinado padrão de comportamento, estamos mais dispostos a rir do que a olhar com desconfiança para um mesmo fato; seja um hábito de nosso companheiro ou uma situação difícil. Paramos de nos apegar tanto ou de fugir tão rápido das situações e novamente seremos capazes de simplesmente sentar um tempinho e talvez ouvir a história do dia de nosso companheiro, sem ficarmos impacientes. Lembramos o quanto as pessoas nas nossas vidas nos importam; o quão bem afortunados somos. Relaxamos, contentes.

## Comece hoje

Sempre sinto apreciação pelo tempo que as pessoas dispõem para vir a meus ensinamentos, como tenho gratidão pelo tempo que você está dispondo para ler essas palavras. Para mim é um presente e espero que você sinta que, em troca, este livro lhe dará bons presentes, ensinamentos que você poderá levar para sua vida cotidiana de forma a encorajar sua mente serena. Receber e conceder ensinamentos é mais precioso do que os diamantes, já que essas são ideias que podem ser repassadas ou usadas para beneficiar aqueles a seu redor.

Se praticamos para obter uma mente serena, poderemos transformar um pouco nossa mente e, ao transformá-la, olharemos com mais calma para as situações, não importa quais sejam. Ao compreendermos que a felicidade e o sofrimento, a beleza e a feiura, a riqueza e a pobreza são todas percepções da mente, teremos um pouco mais de liberdade na vida. Com a prática diária, podemos ter a confiança de não só nos soltar da raiva ou do desapontamento, mas de realmente vivermos nossa vida com compaixão e generosidade, pararmos de correr sem rumo e ficarmos mais presentes.

O esforço despendido para ler este livro é como uma centelha em nossa mente; todos os ensinamentos dizem respeito a encararmos as situações passo a passo – e esse é um grande passo. Se entendemos o funcionamento de nossa mente, conseguimos domá-la e, como consequência, ela concederá felicidade não apenas a nós mesmos, mas também para nossa família e para as pessoas que nos rodeiam. Esse é o tipo de felicidade que não depende de condições externas, mas do fato de ficarmos confortáveis com nossa própria mente. Essa felicidade só depende de nosso esforço, vem de dentro.

Há tantas coisas que podem nos dar alegria de viver: uma bela flor ou até mesmo uma xícara de café. O primeiro passo no desenvolvimento de uma vida alegre é cultivarmos a apreciação pela vida e observarmos a impermanência de tudo, já que se não cultivarmos a apreciação pelo que conseguimos, não importa o quanto tivermos, sempre estaremos correndo atrás de nosso próximo desejo. Somente a partir daí poderemos desenvolver um sentido de apreciação que independe da flor bonita ou da xícara de café. Essa é uma grande liberdade.

Fazermos mudanças é termos inspiração. Não devemos ter o temor de aprender, de melhorar, porque se melhorarmos, teremos muito mais a dar. Façamos mudanças, prontamente e com alegria, quanto ao modo de pensarmos, falarmos e agirmos. Contemplemos a mudança, observando-a sob diversos ângulos. Pensemos em como tentamos mudar a mente de outra pessoa pela discussão – e que nenhum de nós deseja argumentar com uma pedra ou um pilar. Sejamos flexíveis e abertos tanto conosco como com os outros. Assim como a vida é cheia de altos e baixos, o mesmo acontece com a mente. E da mesma forma que tudo na vida pode mudar de um momento para o outro, também podemos mudar nossa mente para melhor.

É com a mente que criamos nosso mundo por isso devemos cultivá-la e cuidar bem dela, não deixando que ela fique inquieta e desgovernada. Podemos trazer a paz e a felicidade para nossas mentes sempre que quisermos e, também, oferecer essa paz e felicidade aos outros com nosso amor e bondade. Quando conhecemos nossas mentes no fundo de nossa superfície barulhenta e frenética, conhecemos mais sobre a vida. Compreendemos nossa necessidade de nos conectar com os outros e de sermos generosos com eles.

Não é necessário fazermos muito alarde, precisamos polir a vida pois a que temos é muito preciosa e deve ser apreciada. Mas se quisermos melhorar, devemos lançar mão desse processo já que ele ajuda a abrir nossa mente, nos dando a liberdade de que precisamos para encontrar inspiração, motivação e felicidade. Não devemos ser complacentes, precisamos continuar observando e buscando nossa própria natureza. Portanto, vamos relaxar, ouvir e dissolver nossos obstáculos. Nossa mente serena será nossa amiga a vida toda.

## Dez ferramentas simples para a mente serena

### 1. Ver o lado bom da vida

Depois de ler esse livro, pode ser que você não se torne imediatamente alguém que vê o "copo meio cheio", e o mundo seria um local muito aborrecido se todos fossem iguais. Mas percebermos o que vai bem em nossa vida fomentará nossa mente serena, nossa paciência, compaixão e felicidade. Vermos o lado bom da vida ou sermos capazes de ver as coisas sob uma perspectiva diferente faz com que sejamos pessoas mais amigáveis e menos críticas com os outros e conosco mesmo. Você não se comparará tanto com os outros, sentirá mais felicidade pelo sucesso alheio e simplesmente apreciará mais a vida.

### 2. Aceitar que a vida é cheia de altos e baixos

Apreciarmos o lado positivo da vida não significa ignorarmos os dias ruins ou os desafios que encontramos. Mas se aceitarmos que a vida é uma espécie de montanha-russa, também perceberemos que tudo está sujeito à mudança. E se tudo é impermanente, nossa própria mente e emoções também o são. Podemos ficar com muita raiva de uma determinada situação, mas em vez de nos prendermos a essa raiva por um dia, uma semana ou até mais, a ponto desse sentimento dar o tom de nossa personalidade, será mais fácil nos soltarmos dela já que será como uma nuvem de tempestade no céu ou uma onda que se choca contra a costa.

A aceitação é muito liberadora pois permite que coloquemos foco nas coisas que podemos mudar. Por exemplo, o meio ambiente. É muito perturbador constatarmos que os governos fazem tão pouco para cuidar melhor do ambiente. Sentimos nossa impotência já que não conseguimos mudar as políticas governamentais. Mas, se em vez disso, nos preocuparmos com nossas próprias atitudes em relação à preservação do meio ambiente, compreenderemos que cada um de nós pode fazer suas mudanças, e, assim, fazer a diferença.

A aceitação não quer dizer abandonarmos nossas preocupações; elas possibilitam direcionar nossos esforços, o melhor lugar para focarmos a mente. Ao aceitarmos a incerteza, nos liberamos do peso das infindáveis expectativas e nos abrirmos às muitas e variadas possibilidades da vida.

### 3. Retornar ao momento presente

A mente inquieta muitas vezes tem suas raízes na luta contra o tempo. Entramos em pânico por causa dos afazeres de hoje ou olhamos para o futuro, preocupando-nos com o que pode acontecer. Será que receberemos aquela promoção? E se perdermos o trabalho ou ficarmos doentes? Ou talvez pensemos demais sobre o que já passou – sobre o que dissemos, as escolhas que fizemos ou por que a vida não pode ser como antes.

Precisamos colocar nossa mente no presente usando todos os sentidos. O que está acontecendo agora? As crianças são um bom exemplo para nos recolocar no presente; elas não se preocupam com o futuro nem ficam presas ao passado. Ficam maravilhadas vendo um trem passar ou pegando uma folha que cai. Riem de si próprias e também dos adultos. Podem não ter as responsabilidades da vida adulta, mas são um ótimo lembrete de que a alegria é algo que sentimos no momento presente, quando realizamos bem uma tarefa ou ao fazermos uma refeição muito boa. Engajamo-nos com o mundo, aumentando nossa capacidade de perceber o sofrimento dos outros e importando-nos o suficiente para ajudá-los.

Estarmos presentes possibilita vermos as emoções um pouco mais claramente à medida que surgem, em vez de, repentinamente, sermos esmagados por elas. Podemos sentir o peso da vergonha ou da perturbação, mas, por estarmos presentes, conseguimos olhar para elas e pensar: precisamos realmente ficar envergonhados ou perturbados? Será que não conseguiremos nos soltar delas antes que destruam nossa paz de espírito?

## 4. Amor e bondade é o que importa

O que há de melhor ao desenvolvermos uma mente serena é o aumento da capacidade de amarmos e sermos bondosos. Temos mais espaço para os outros e suavizamos quaisquer resquícios que tenhamos a respeito de nossas próprias atitudes, de forma que a paciência e a tolerância tomam o lugar antes ocupado pela crítica e pela irritação.

O conforto material ou mesmo a riqueza podem ser muito agradáveis; nos esforçarmos para sermos bem-sucedidos na vida não é algo ruim. Mas além de termos um teto e comida na mesa, o equilíbrio em nossa vida jamais virá de posses materiais. Portanto, se pudermos cultivar relacionamentos amorosos, amor pela humanidade e pelo mundo, traremos mais equilíbrio a nossa mente.

Passemos um pouco de tempo todos os dias fazendo a Meditação de Apreciação (ver pág. 85), pensando sobre o amor em nossa vida e o veremos crescer cada vez mais. O equilíbrio é um dos aspectos mais importantes da vida, portanto, devemos evitar apegos muito fortes. Se pudermos oferecer amor sem condições, façamo-lo livremente, sem nos agarrar a ele. Esse é o tipo de amor que produz felicidade na mente serena. Quando fazemos os outros felizes com a única intenção de lhes trazer felicidade, a vida nos trará muita inspiração.

Mesmo que tenhamos que criticar os outros com o objetivo de ajudá-los – na posição de chefes, professores ou pais –, devemos fazê-lo com um senso de amorosidade. Todos sabíamos, durante nossa infância, quando as instruções eram dadas com amor; por isso, mesmo que nos sentíssemos magoados ou chateados superficialmente, sabíamos, no fundo, que estávamos aprendendo algo – compreendíamos que as lições dadas eram para nosso próprio benefício.

Todos nós sabemos como é sentir a bondade de desconhecidos; toca nossos corações. Sejamos bondosos com desconhecidos e vizinhos e, também, com os que estão próximos de nós. E a melhor forma de fazermos isso é sendo bons com nós mesmos.

Portanto, se todos os nossos pensamentos, palavras e ações surgirem de um lugar dentro de nós, de nossa mente serena, auxiliando os outros, também estaremos nos ajudando. Amarmos os outros é amar a nós mesmos e, fazermos a diferença na vida de outras pessoas, é darmos sentido para nossa própria vida.

### 5. Sente-se

Não devemos temer o silêncio e a imobilidade. Sentarmos em silêncio pode ser uma das coisas mais difíceis para algumas pessoas, de início, mas usar as técnicas de respiração (ver pág. 75) permite que nosso corpo relaxe no presente. Concedamos a nós mesmos essa folga tão merecida. Não nos preocupemos com os pensamentos correndo em nossa mente quando sentamos para meditar, apenas os imaginemos se desacelerando gradualmente. Reconheçamos o que está em nossa mente, deixando tudo como está. Podemos sentar num banco vez ou outra apenas para sentirmos o sol ou o vento em nosso rosto. Sentemos próximos ao fogo para sentirmos o calor no corpo. Sentemos em silêncio, em nossa mesa, antes de ligarmos o computador (e ao o desligarmos no fim do dia).

Alguns minutos sentados abrirão espaço em nosso dia todo.

### 6. Faça uma coisa de cada vez

Como podemos nos acalmar fazendo três coisas ao mesmo tempo? Por que caminhamos e escrevemos no celular ao mesmo tempo? Será que ter tantas ocupações promove a felicidade? Estarmos presentes na vida significa sermos capazes de mantermos o foco no que realmente importa, colocando o coração em todos os esforços. Portanto, se estamos bebendo uma xícara de chá, podemos usar aqueles minutos para relaxar e permitir que a mente se aquiete um pouco. Se estamos trabalhando num projeto, podemos fechar o e-mail, desligar o telefone e nos dedicarmos plenamente àquela tarefa. Se você está lendo uma história para seu filho, você pode estar totalmente presente para ele, porque você valoriza o tempo que passa com ele. Ao fazermos uma coisa de cada vez, nossa produtividade será maior, em vez de pararmos e começarmos uma tarefa vez após vez, desperdiçando tempo e retomando atividades que deixamos pela metade. Talvez possamos decidir fazermos menos tarefas num dia: ao sabermos que aquela reunião ou telefonema dará certo, teremos um bom dia sem necessidade de nos envolver com mais ocupações em cada minuto desperto.

### 7. Ria

Como nos sentimos bem quando não conseguimos parar de rir. A risada suaviza nosso fardo, nos faz caminhar mais leves, colocando-nos de volta ao presente. E o mesmo ocorre com o sorriso. São formas de compartilhar felicidade, de diminuir a tristeza de outra pessoa, ou de dissipar uma situação que poderia ficar tensa. A risada também é uma ótima resposta para falhas de comunicação – em vez de julgarmos o outro pelas diferenças, podemos aproveitar a situação para rirmos juntos.

É ótimo vermos o lado engraçado das coisas, de não nos levarmos muito a sério. No fim das contas, somos só seres humanos tentando fazer o melhor.

### 8. Caminhe

Caminhar é voltarmos ao ritmo do mundo e sentirmos nosso próprio senso de equilíbrio a cada passo. Quando caminhamos podemos nos lembrar de nosso lugar no mundo: que somos um indivíduo, único, mas que também somos só mais uma pessoa entre tantas e que cada um de nós tem tanto felicidade quanto sofrimento na vida.

Caminhar nos ajuda a colocar as coisas em perspectiva; viajamos leves, deixando nossa bagagem para trás por um momento. Quando estamos presentes em nosso corpo, o apreciamos e o sentimos a cada movimento, tornando-nos alertas. Podemos até entrar em contato com a natureza, percebendo os pássaros cantando ou vendo os sinais da estação. Na cidade podemos perceber os sinais de humanidade nas pessoas passando e, da mesma forma que as estações nos lembram da impermanência e da mudança, os prédios também o fazem – alguns recém-construídos, enquanto outros caindo aos pedaços.

Quando caminhamos, respiramos mais fundo, colocando mais ar nos pulmões. Podemos contemplar as emoções que surgiram durante o dia, olhando para elas calmamente antes de deixá-las se dissipar. Ou podemos usar a ocasião para nos desligar de tudo e *só caminhar*.

### 9. Ouça

É bom nos conhecermos através da contemplação, mas ela não deve nos tornar autocentrados ou nos desligar do mundo ou das pessoas ao redor. Quando a mente é inquieta, achamos difícil nos assentar o suficiente para realmente ouvirmos os outros. Estamos ali em corpo, mas nossa mente está em outro lugar, pensando em centenas de coisas diferentes. Ou nossas emoções estão tão entrincheiradas que podemos apenas oferecer nossa própria visão da situação, sem nem tentarmos verificar a perspectiva da outra pessoa.

À medida que praticamos simplesmente sentar e respirar, nos acostumamos a ficar mais parados e calmos. Estando mais tranquilos, podemos realmente ouvir, o que é um ato de generosidade tanto para quem estamos ouvindo quanto para nós mesmos, já que essa atitude faz com que aprendamos algo. Precisamos ouvir com a mente e o coração abertos – sem nem sempre ser necessário oferecermos soluções ou respostas, mas, ao passo que ouvimos com uma mente serena, ficamos receptivos e nossa sabedoria ou criatividade podem ser desencadeadas.

## 10. Adote a simplicidade

Não deixemos as coisas se empilharem seja a nosso redor ou dentro de nossa mente. Se permitirmos que as situações e emoções se desnudem, começaremos a vê-las como o que realmente são. Vemos nossa raiva como ela é – uma emoção intensa, mas não algo a que precisamos nos agarrar. Começamos a perceber as decisões complexas com mais clareza: perguntaremos onde está nosso maior potencial para a generosidade ou para a felicidade. O que nosso coração diz? Se hoje não tivéssemos medo, o que faríamos? Sabemos que nem sempre podemos controlar o resultado das situações, mas nos sentimos mais confortáveis com nós mesmos ao reconhecermos que estamos fazendo nosso melhor a cada dia.

Pratiquemos a arte de nos soltar das coisas, ou cuidemos do que já conseguimos em vez de sempre buscarmos mais. Da mesma forma que nossa mente adora espaço para se esticar e crescer, nosso espaço físico tem o mesmo efeito. Quando chegamos ao mundo estamos de mãos vazias e o mesmo acontece quando o deixamos, então por que passarmos tanto tempo adquirindo coisas nesse ínterim?

Podemos praticar simplicidade na forma de nos alimentarmos: em vez de enchermos a geladeira com comidas do mundo todo, que acabarão sendo jogados fora, podemos descobrir os alimentos simples que há nas redondezas. Começamos a apreciar os efeitos da alimentação sobre nossa saúde porque ela nos ajuda a manter nossa forma física e a energizarmos a mente. Podemos fazer nossas refeições sem pressa, sem imediatamente seguirmos para a próxima tarefa. Lembremo-nos da diferença que há entre o que queremos e o que precisamos: o que precisamos pode ser muito simples, enquanto o que desejamos pode ser uma lista sem fim.

# Palavras finais

Entendo que muitas pessoas ao lerem um livro como este vão se preocupar em encontrar tempo para ficarem serenas e fazer todos os exercícios apresentados! Mas, mesmo se praticarmos as meditações apontadas cinco dias por ano, serão cinco dias extras de paz. Espero que sejam capazes de tirar alguns dias de férias do ego. Passarmos alguns minutos apreciando tudo que temos, enquanto reconhecemos a natureza mutável da vida, vai modificar todo nosso dia. Ficaremos mais preparados para a mudança, mais flexíveis e pacientes e, sem dúvida, mais felizes. Se tivermos um dia ruim, saberemos que não vai durar para sempre. Então espero que você experimente essas ferramentas da mente e verifique por si mesmo. Mais do que isso, espero até que você mude sua vida.

# Leituras recomendadas

*Walden: ou a vida nos bosques*, Henry David Thoreau, Novo Século, edição de 2007.
*Iluminação diária*, Sua Santidade Gyalwang Drukpa, Cultrix, edição de 2013.
*Pensamentos sem pensador*, Mark Epstein, Gryphus, edição de 2001.
*O livro tibetano do viver e do morrer*, Sogyal Rinpoche, Talento, edição de 2010.
*A arte da felicidade*, Sua Santidade Dalai Lama, Martins Fontes, edição de 2000.
*Why Kindness is Good For You*, David R. Hamilton PhD, Hay House, 2010.
*Caminhada*, Henry David Thoreau, disponível em várias edições.

Comunidade Budista Drukpa Brasil

Para maiores informações sobre ensinamentos
da linhagem Drukpa e centros de prática:

www.drukpabrasil.org

Que muitos seres sejam beneficiados.

Para maiores informações sobre lançamentos
da Lúcida Letra, cadastre-se em
**www.lucidaletra.com.br**

Impresso na gráfica Vozes sobre papel Avena 80g.
Foi utilizada a tipografia Chaparral Pro e ITC Legacy Sans.